학원을 이기는
독학 일본어 첫걸음 1

지은이 송상엽은 대학에서 일어일문학을 전공하였으며, 강남과 종로 등의 어학원에서 수년간의 일본어 강사 경험을 바탕으로 지금은 일본어 교재 전문기획 프리랜서로 활동하고 있으며 랭컴출판사의 편집위원으로서 일본어 학습서 기획 및 저술 활동에 힘쓰고 있다.

학원을 이기는
독학 일본어 첫걸음 1

2022년 10월 10일 개정판 1쇄 인쇄
2024년 03월 25일 개정판 5쇄 발행

지은이 송상엽
발행인 손건
편집기획 김상배, 장수경
마케팅 최관호
디자인 박지웅
제작 최승용
인쇄 선경프린테크

발행처 *LanCom* 랭컴
주소 서울시 영등포구 영신로34길 19, 3층
등록번호 제 312-2006-00060호
전화 02) 2636-0895
팩스 02) 2636-0896
이메일 elancom@naver.com
홈페이지 www.lancom.co.kr

ⓒ 랭컴 2022
ISBN 979-11-92199-17-7 13730

단어 + 문법 + 회화 완전 기초부터 제대로 시작하기

학원을 이기는

독학

송상엽 지음

일본어

첫걸음

1

독하게 배워서
독하게 써먹자!

LanCom
Language & Communication

일본어는 우리말과 같은 계통의 언어로서 문법 구조가 비슷하고, 어휘 측면에서는 한자를 쓰기 때문에 다른 계통의 언어에 비해 배우기가 쉽다고 할 수 있다. 그러나 우리에게 비교적 배우기 쉬운 언어라고 하더라도 외국어인 이상 어려움은 정도의 차이일 뿐 마찬가지이고, 특히 초보자에게 있어서는 학습 방법의 차이에 따라 영어보다 오히려 더 어려울 수도 있다. 일본어를 배우기 시작한 지 얼마 안 되어 중도에 포기하는 학습자가 많은 이유는 비능률적인 학습 방법뿐만 아니라 교재 선택의 잘못에서 기인한 경우가 많다고 할 수 있다.

또한 암기식 공부 방법에는 단점도 있지만 외국어 공부에서 암기와 반복 훈련은 누구도 부정할 수 없는 필수 과정이다. 누가 더 일본어를 잘하느냐는 누가 그 상황에 적절한 표현을 더 많이 외웠느냐하는 문제와 직결된다.

따라서 필자는 일선 강단과 일본어 교재 연구의 풍부한 경험을 바탕으로, 일본어 공부를 처음 시작하거나 사정에 의해 중단하였다가 다시 시작하려는 분들을 위해 학원에 가지 않고도 혼자서 온전하게 독학이 가능하도록 초급 수준에서 익혀야 할 어법을 마스터하는 데 최대한 중점을 두었다.

2022년 10월
저자가

이 책은 기초적인 문장과 어법을 통해 일본어 초급 수준을 차근차근 단계별로 익혀나갈 수 있도록 다음과 같이 구성하였습니다.

구분	학습 내용 및 어법
Part 1	단정의 술어문과 조사 の의 용법
Part 2	생물과 무생물의 존재표현
Part 3	숫자 읽기와 연월일과, です의 과거형
Part 4	상태나 성질을 나타내는 형용사의 기본적인 활용과 용법
Part 5	여러 가지 조사와 비교표현과 요구표현
Part 6	일본어 동사의 종류와 ます를 통한 기본적인 동사의 활용
Part 7	활용어에 접속조사 て(で)가 연결되는 활용의 형태
Part 8	진행과 상태의 표현, 요구를 나타내는 ~てください
Part 9	동사의 ます형 관련된 다양한 패턴
Part 10	동사의 て형 관련된 다양한 패턴과 ましょう, でしょう
Part 11	활용어의 과거형에 관련된 활용과 용법
Part 12	동사의 과거형에 관련된 다양한 패턴
Part 13	활용어의 부정형에 관련된 활용과 용법
Part 14	활용어에 부정형에 관련된 다양한 패턴

Contents

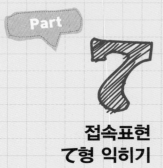

Part

7

접속표현
て형 익히기

Part

8

진행 / 상태표현
익히기

Part

9

ます형에 이어지는
여러 패턴 익히기

Part

10

예정 / 완료표현
익히기

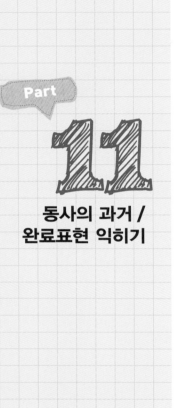

Part

11

동사의 과거 /
완료표현 익히기

Part

12

た형을 이용한
여러 패턴 익히기

Part

13

부정표현
ない형 익히기

Part

14

부정어 ない의
여러 패턴 익히기

ていただいて、こちらこそ楽しかったです。
らちらへはどうやって行くのですか。またあ
来てもらえますか。ここの自慢料理は何で
か。地元の人がよく行くレストランはあり
注文を確かめてください。注文を変う

文字와 発音

どこですか。何に興味をお持ちですか。ツ
ーは何時間かかりますか。料金はいくら
か。入場は有料ですか。たくさん取ってくだ
いね。無料のパンフレットはありますか。こ
近くにおいしいレストランはありませんか。

일본어
문자와 발음

ものかまた来ていません。新しいのと取り
えてください。これはどういう料理ですか。
できますか。静かな奥の席にお願いしま

히라가나 ひらがな

	あ단	い단	う단	え단	お단
あ행	あ 아 a	い 이 i	う 우 u	え 에 e	お 오 o
か행	か 카 ka	き 키 ki	く 쿠 ku	け 케 ke	こ 코 ko
さ행	さ 사 sa	し 시 si	す 스 su	せ 세 se	そ 소 so
た행	た 타 ta	ち 치 chi	つ 츠 tsu	て 테 te	と 토 to
な행	な 나 na	に 니 ni	ぬ 누 nu	ね 네 ne	の 노 no
は행	は 하 ha	ひ 히 hi	ふ 후 hu	へ 헤 he	ほ 호 ho
ま행	ま 마 ma	み 미 mi	む 무 mu	め 메 me	も 모 mo
や행	や 야 ya		ゆ 유 yu		よ 요 yo
ら행	ら 라 ra	り 리 ri	る 루 ru	れ 레 re	ろ 로 ro
わ행	わ 와 wa				を 오 o
	ん 응 n,m,ng				

	ア단	イ단	ウ단	エ단	オ단
ア행	ア 아 a	イ 이 i	ウ 우 u	エ 에 e	オ 오 o
カ행	カ 카 ka	キ 키 ki	ク 쿠 ku	ケ 케 ke	コ 코 ko
サ행	サ 사 sa	シ 시 si	ス 스 su	セ 세 se	ソ 소 so
タ행	タ 타 ta	チ 치 chi	ツ 츠 tsu	テ 테 te	ト 토 to
ナ행	ナ 나 na	ニ 니 ni	ヌ 누 nu	ネ 네 ne	ノ 노 no
ハ행	ハ 하 ha	ヒ 히 hi	フ 후 hu	ヘ 헤 he	ホ 호 ho
マ행	マ 마 ma	ミ 미 mi	ム 무 mu	メ 메 me	モ 모 mo
ヤ행	ヤ 야 ya		ユ 유 yu		ヨ 요 yo
ラ행	ラ 라 ra	リ 리 ri	ル 루 ru	レ 레 re	ロ 로 ro
ワ행	ワ 와 wa				ヲ 오 o
	ン 응 n,m,ng				

탁음이란 청음에 비해 탁한 소리를 말하며 か(カ) さ(サ) た(タ) は(ハ)행의 글자 오른쪽 윗부분에 탁점(ﾞ)을 붙인 음을 말하며, 반탁음은 は행의 오른쪽 윗부분에 반탁점(ﾟ)을 붙인 것으로 우리말의 「ㅍ」과 「ㅃ」의 중간음으로 단어의 첫머리에 올 경우에는 「ㅍ」에 가깝게 발음하고 단어의 중간이나 끝에 올 때는 「ㅃ」에 가깝게 발음합니다.

	あ단	い단	う단	え단	お단
が행	が 가 ga	ぎ 기 gi	ぐ 구 gu	げ 게 ge	ご 고 go
ざ행	ざ 자 za	じ 지 zi	ず 즈 zu	ぜ 제 ze	ぞ 조 zo
だ행	だ 다 da	ぢ 지 zi	づ 즈 zu	で 데 de	ど 도 do
ば행	ば 바 ba	び 비 bi	ぶ 부 bu	べ 베 be	ぼ 보 bo
ぱ행	ぱ 파 pa	ぴ 피 pi	ぷ 푸 pu	ぺ 페 pe	ぽ 포 po

	ア단	イ단	ウ단	エ단	オ단
ガ행	ガ 가 ga	ギ 기 gi	グ 구 gu	ゲ 게 ge	ゴ 고 go
ザ행	ザ 자 za	ジ 지 zi	ズ 즈 zu	ゼ 제 ze	ゾ 조 zo
ダ행	ダ 다 da	ヂ 지 zi	ヅ 즈 zu	デ 데 de	ド 도 do
バ행	バ 바 ba	ビ 비 bi	ブ 부 bu	ベ 베 be	ボ 보 bo
パ행	パ 파 pa	ピ 피 pi	プ 푸 pu	ペ 페 pe	ポ 포 po

요음이란 い단 글자 중 자음인 き し ち に ひ み り ぎ じ び ぴ(キ シ チ ニ ヒ ミ リ ギ ジ ビ ピ)에 반모음의 작은 글자 ゃ ゅ ょ(ャ ュ ョ)를 붙인 음을 말합니다. 따라서 ゃ ゅ ょ(ャ ュ ョ)는 우리말의「ㅑ·ㅠ·ㅛ」같은 역할을 합니다.

	～ゃ　ャ	～ゅ　ュ	～ょ　ョ
きゃ행	きゃ キャ 캬 kya	きゅ キュ 큐 kyu	きょ キョ 쿄 kyo
しゃ행	しゃ シャ 샤 sha(sya)	しゅ シュ 슈 shu(syu)	しょ ショ 쇼 sho(syo)
ちゃ행	ちゃ チャ 챠 cha(tya)	ちゅ チュ 츄 chu(tyu)	ちょ チョ 쵸 cho(tyo)
にゃ행	にゃ ニャ 냐 nya	にゅ ニュ 뉴 nyu	にょ ニョ 뇨 nyo
ひゃ행	ひゃ ヒャ 햐 hya	ひゅ ヒュ 휴 hyu	ひょ ヒョ 효 hyo
みゃ행	みゃ ミャ 먀 mya	みゅ ミュ 뮤 myu	みょ ミョ 묘 myo
りゃ행	りゃ リャ 랴 rya	りゅ リュ 류 ryu	りょ リョ 료 ryo
ぎゃ행	ぎゃ ギャ 갸 gya	ぎゅ ギュ 규 gyu	ぎょ ギョ 교 gyo
じゃ행	じゃ ジャ 쟈 zya(ja)	じゅ ジュ 쥬 zyu(ju)	じょ ジョ 죠 zyo(jo)
びゃ행	びゃ ビャ 뱌 bya	びゅ ビュ 뷰 byu	びょ ビョ 뵤 byo
ぴゃ행	ぴゃ ピャ 퍄 pya	ぴゅ ピュ 퓨 pyu	ぴょ ピョ 표 pyo

하네루음

하네루음이란 오십음도의 마지막 글자인 ん(ン)을 말합니다. ん(ン)은 단어의 첫머리에 올 수 없으며 항상 다른 글자 뒤에 쓰여 우리말의 받침과 같은 구실을 합니다. 따라서 ん(ン) 다음에 오는 글자의 영향에 따라 우리말의 「ㄴ(n), ㅁ(m), ㅇ(ng)」으로 소리가 납니다.

O ん(ン) 다음에 か が행의 글자가 이어지면 「ㅇ」으로 발음한다.

えんき [엥끼] 연기	おんがく [옹가꾸] 음악
ミンク [밍쿠] 밍크	カンガルー [캉가루−] 캥거루

ㄴ ん(ン) 다음에 さ ざ た だ な ら행의 글자가 이어지면 「ㄴ」으로 발음한다.

かんし [칸시] 감시	なんじ [난지] 몇 시
はんたい [한따이] 반대	ねんだい [넨다이] 연대
こんにち [콘니찌] 오늘(날)	しんらい [신라이] 신뢰
ナンセンス [난센스] 난센스	エンジン [엔징] 엔진
ヒント [힌토] 힌트	パンダ [판다] 팬더
シンナー [신나−] 신나	サンライズ [산라이즈] 일출

ㅁ ん(ン) 다음에 ま ば ぱ행의 글자가 이어지면 「ㅁ」으로 발음한다.

あんま [암마] 안마	けんぶつ [켐부쯔] 구경
さんぽ [삼뽀] 산책	ハンバーグ [함바−구] 햄버그
アンバランス [암바란스] 언밸런스	テンポ [템포] 템포

O ん(ン) 다음에 あ は や わ행의 글자가 이어지면 「ㄴ」과 「ㅇ」의 중간음으로 발음한다. 또한 단어 끝에 ん이 와도 마찬가지이다.

れんあい [렝아이] 연애	ほんや [홍야] 책방
でんわ [뎅와] 전화	にほん [니홍] 일본
オンエア [옹에아] 온에어, 방송중	シャンハイ [샹하이] 상하이
オンワード [옹와−도] 온워드, 전진	デザイン [데자잉] 디자인

촉음

촉음이란 막힌 소리의 하나로 우리말의 받침과 같은 역할을 하는 것을 말합니다. 즉, 촉음은 つ(ツ)를 작을 글자 っ(ッ)로 표기하여 다른 글자 밑에서 받침으로만 쓰입니다. 이 촉음은 하나의 음절을 갖고 있으며 뒤에 오는 글자의 영향에 따라 우리말 받침의「ㄱ ㅅ ㄷ ㅂ」으로 발음합니다.

ㄱ 촉음인 つ(ツ) 다음에 か き く け こ가 이어지면「ㄱ」으로 발음한다.

けっか [켁까] 결과　　　　　　いっき [익끼] 단숨

クッキング [쿡킹구] 쿠킹, 요리　　サッカー [삭카-] 사커, 축구

ㅅ 촉음인 つ(ツ) 다음에 さ し す せ そ가 이어지면「ㅅ」으로 발음한다.

さっそく [삿소꾸] 속히, 재빨리　　ざっし [잣시] 잡지

メッセージ [멧세-지] 메시지　　クッション [쿳숑] 쿠션

ㅂ 촉음인 つ(ツ) 다음에 ぱ ぴ ぷ ぺ ぽ가 이어지면「ㅂ」으로 발음한다.

いっぱい [입빠이] 가득　　　　しっぽ [십뽀] 꼬리

アップル [압푸루] 애플, 사과　　ヨーロッパ [요-롭파] 유럽

ㄷ 촉음인 つ(ツ) 다음에 た ち つ て と가 이어지면「ㄷ」으로 발음한다.

きって [킫떼] 우표　　　　　　おっと [옫또] 남편

ヒット [힏토] 히트　　　　　　タッチ [탇치] 터치

*이 책에서는「ㄷ」으로 발음하는 경우는 편의상「ㅅ」으로 표기하였다.

입에 착착!

21

장음이란 같은 모음이 중복될 때 앞의 발음을 길게 발음하는 것을 말합니다. 카타카나에서는 장음부호를 「一」로 표기합니다.

あ あ단에 모음 あ가 이어질 경우 뒤의 모음인 あ는 장음이 된다.

おかあさん [오까ー상] 어머니　　おばあさん [오바ー상] 할머니

ばあい [바ー이] 경우　　スカート [스카ー토] 스커트

い い단에 모음 い가 이어질 경우 뒤의 모음인 い는 장음이 된다.

おじいさん [오지ー상] 할아버지　　おにいさん [오니ー상] 형님

きいろい [키ー로이] 노랗다　　タクシー [타쿠시ー] 택시

う う단에 모음 う가 이어질 경우 뒤의 모음인 う는 장음이 된다.

くうき [쿠ー끼] 공기　　しゅうい [슈ー이] 주위

ふうふ [후ー후] 부부　　スーパー [스ー파ー] 슈퍼

え え단에 모음 え나 い가 이어질 경우 뒤의 모음인 え い는 장음이 된다.

おねえさん [오네ー상] 누님, 누나　　えいが [에ー가] 영화

セーター [세ー타ー] 스웨터　　ケーキ [케ー키] 케이크

お お단에 모음 お나 う가 이어질 경우 뒤의 모음인 お う는 장음이 된다.

こおり [코ー리] 얼음　　とうふ [토ー후] 두부

おとうさん [오또ー상] 아버지　　コーヒー [코ー히ー] 커피

Part

1

단정표현
です 익히기

Unit 01

학습일

긍정문과 의문문

これは ほんです。

이것은 책입니다.

STEP 1 여러 번 듣고 소리내어 반복해서 읽어보세요.

A **これは ほんですか。**

B **はい、それは ほんです。**

A **あれは くるまですか。**

B **はい、あれは くるまです。**

A 이것은 책입니까?
B 네, 그것은 책입니다.
A 저것은 차입니까?
B 네, 저것은 차입니다.

これ 이것　ほん 책　はい 네(긍정의 대답)　それ 그것　あれ 저것　くるま 차 | えんぴつ 연필　つくえ 책상

STEP 2 이것만은 꼭 알아두세요.

▷ **~は** ~은(는)

は는 우리말의 「~은(는)」에 해당하는 조사로 명사에 접속하여 주제에 대한 설명을 나타냅니다. 본래의 발음은 「ha(하)」이지만 조사로 쓰일 때는 반드시 「wa(와)」로 발음한다는 것을 명심합시다.

▷ **~です** ~입니다

です는 우리말의 「~입니다」에 해당하는 말로 명사 및 그에 준하는 말에 접속하여 정중하게 단정을 나타냅니다.

▷ **~ですか** ~입니까?

です에 의문이나 질문을 나타내는 종조사 か를 접속한 ~ですか는 우리말의 「~입니까」의 뜻이 되며, 의문문에는 물음표(?)로 표기하지 않고 마침표(。)를 쓴다는 점이 우리 표기법과 차이가 있습니다.

STEP 3 패턴 문형 연습

보기처럼 주어진 말을 우리말 뜻에 맞게 의문문으로 바꿔 보세요.

| 보기 |

これは ほんです。　　　이것은 책입니다.

➔ これは ほんですか。　이것은 책입니까?

① これは えんぴつです。　➔ _____ 。

　이것은 연필입니까?

② あれは つくえです。　　➔ _____ 。

　저것은 책상입니까?

학습일

부정문

それは ノートでは ありません。

그것은 노트가 아닙니다.

STEP 1 여러 번 듣고 소리내어 반복해서 읽어보세요.

A これは ノートですか。

B いいえ、それは ノートでは ありません。

A それは ざっしですか。

B いいえ、これは ざっしじゃ ありません。
まんがです。

A 이것은 노트입니까?
B 아니오, 그것은 노트가 아닙니다.
A 그것은 잡지입니까?
B 아니오, 이것은 잡지가 아닙니다. 만화입니다.

ノート 노트 いいえ 아니오(부정의 대답) ざっし 잡지 まんが 만화 | スリッパ 슬리퍼 くつ 구두 テレビ 텔레비전 いす 의자

26

이것만은 꼭 알아두세요.

▷ **~では ありません** ~이(가) 아닙니다

では ありません은 정중한 단정을 나타내는 です의 부정형으로 우리말의 「~이(가) 아닙니다」의 뜻으로 단정을 정중하게 부정하는 표현입니다. 의문이나 질문을 나타내는 종조사 か를 접속하면 「~이(가) 아닙니까?」의 뜻이 됩니다.

それは スリッパでは ありませんか。
그것은 슬리퍼가 아닙니까?

▷ **~じゃ ありません** ~이(가) 아닙니다

정중한 단정을 나타내는 です의 부정형인 では ありません의 では는 회화체에 흔히 じゃ로 줄여서 じゃ ありません으로 표현하는 것이 일반적입니다.

これは くつじゃ ありません。
이것은 구두가 아닙니다.

STEP 3 패턴 문형 연습

보기처럼 주어진 말을 우리말 뜻에 맞게 부정문으로 바꿔 보세요.

┌─── 보기 ┐

これは テレビです。　　　　　　　　이것은 텔레비전입니다.

➔ これは テレビでは ありません。　　이것은 텔레비전이 아닙니다.

└──┘

① これは つくえです。　　➔ _____ 。
　　　　　　　　　　　　　　이것은 책상이 아닙니다.

② それは いすです。　　　➔ _____ 。
　　　　　　　　　　　　　　그것은 의자가 아닙니다.

Unit 03

학습일

명사의 연결

あれは たなかさんの くるまですか。

저것은 다나카 씨의 차입니까?

STEP 1 여러 번 듣고 소리내어 반복해서 읽어보세요.

A   それは あなたの かさですか。

B   いいえ、これは わたしの かさじゃ ありません。

A   あれは たなかさんの くるまですか。

B   はい、あれは たなかさんの くるまです。

A   그것은 당신의 우산입니까?
B   아니오, 이것은 내 우산이 아닙니다.
A   저것은 다나카 씨 차입니까?
B   네, 저것은 다나카 씨 차입니다.

あなた 당신   **かさ** 우산   **わたし** 나, 저   **さん** 씨, 님 | **てぶくろ** 장갑   **ぼうし** 모자
かばん 가방   **ネクタイ** 넥타이

▷ **~の** ~의

の는 우리말의 「~의」에 해당하는 조사입니다. 「명사＋の＋명사」의 형태로 뒤의 명사가 어떤 것인지를 나타냅니다. 또, 우리말의 경우는 명사와 명사 사이의 조사 「~의」가 「내(나의) 시계」처럼 생략되는 경우가 많으나 일본어에서는 생략하지 않습니다.

> ### これは わたし**の** てぶくろです。
> 이것은 내 장갑입니다.

▷ **인칭대명사**

わたし는 우리말의 「저, 나」에 해당하는 1인칭대명사로 아주 정중하게 말할 때는 わたくし라고 하며, 친한 남자들 사이에서는 ぼく(나)라고 합니다. あなた는 「당신」에 해당하는 2인칭대명사로, 우리말의 「너, 자네」에 해당하는 말은 きみ가 있습니다.

보기처럼 주어진 말을 우리말 뜻에 맞게 문장을 완성해 보세요.

| 보기 |

> これは わたし / ぼうしです   이것은 내 / 모자입니다
> ➔ これは わたしの ぼうしです。 이것은 내 모자입니다.

① これは きむらさん / かばんです ➔ _____ 。
이것은 기무라 씨 가방입니다.

② それは あなた / ネクタイですか ➔ _____ 。
그것은 당신 넥타이입니까?

명사의 대용

これは たなかさんのです。

이것은 다나카 씨 것입니다.

입에 착착!

STEP 1 여러 번 듣고 소리내어 반복해서 읽어보세요.

A これは きむらさんの くつですか。

B いいえ、わたしのじゃ ありません。
たなかさんのです。

A それは なんですか。

B はい、これは にほんの きってです。

A 이것은 기무라 씨 구두입니까?
B 아니오, 내 것이 아닙니다. 다나카 씨 것입니다.
A 그것은 무엇입니까?
B 네, 이것은 일본 우표입니다.

なん 무엇　**にほん** 일본　**きって** 우표　| **めがね** 안경　**カメラ** 카메라　**かぎ** 열쇠
とけい 시계

STEP 2   이것만은 꼭 알아두세요.

▷ **～のです** ～것입니다

の는 앞서 배운 명사와 명사 사이에서 관계를 나타낼 뿐만 아니라, 체언 및 그에 준하는 말에 접속하여 「~의 것」의 뜻으로 소유를 나타내는 명사적인 용법으로도 쓰입니다. 즉, の는 ~の もの (~의 것)의 대용으로 쓰인 것입니다.

この めがねは あなた**のです**か。
이 안경은 당신 것입니까?

▷ **가리키는 말**

앞서 배운 지시대명사는 사물을 가리킬 때 쓰이지만 この~의 경우는 명사 앞에서만 쓰이는 말이며, 다음은 가깝고 멂에 따라 지시를 나타내는 것입니다.

근 칭	중 칭	원 칭	부정칭
これ 이것	それ 그것	あれ 저것	どれ 어느 것
この 이	その 그	あの 저	どの 어느

STEP 3   패턴 문형 연습

보기처럼 주어진 말을 우리말 뜻에 맞게 바꿔 보세요.

──────────── | 보기 |

この カメラは わたしの カメラです。　　　이 카메라는 내 카메라입니다.

➔ この カメラは わたしのです。　　　이 카메라는 내 것입니다.

① この かぎは わたしの かぎです。　　　➔ ＿＿＿＿＿＿＿＿＿＿ 。
　　　　　　　　　　　　　　　　　　　　이 열쇠는 내 것입니다.

② この とけいは あなたの とけいですか。　➔ ＿＿＿＿＿＿＿＿＿＿ 。
　　　　　　　　　　　　　　　　　　　　이 시계는 당신 것입니까?

Unit 05

명사의 열거

これも ほんで、あれも ほんです。

이것도 책이고, 저것도 책입니다.

학습일

STEP 1 여러 번 듣고 소리내어 반복해서 읽어보세요.

A　きむらさんは だいがくせいですか。

B　はい、そうです。

A　では、あの かたも だいがくせいですか。

B　いいえ、そうじゃ ありません。

　　かいしゃいんで、かんこくじんです。

A　기무라 씨는 대학생입니까?
B　네, 그렇습니다.
A　그럼, 저분도 대학생입니까?
B　아니오, 그렇지 않습니다. 회사원이고, 한국사람입니다.

だいがくせい 대학생 　**では** 그럼 　**かた** 분 　**かいしゃいん** 회사원
かんこくじん 한국사람 ｜ **コンピューター** 컴퓨터 　**ペン** 펜 　**ボールペン** 볼펜

32

STEP 2　이것만은 꼭 알아두세요.

▷ **~で、 ~です** ~이고, ~입니다

で는 우리말의 「~이고, ~이며」에 해당하며, 정중한 단정을 나타내는 です의 중지형으로 성질이 다른 앞뒤의 문장을 나열해 주는 역할을 하기도 하고, 앞의 문장이 뒤의 문장의 원인이나 설명이 될 경우에도 쓰입니다.

> ### これは テレビで、あれは コンピューターです。
> 이것은 텔레비전이고, 저것은 컴퓨터입니다.

▷ **~も** ~도

も는 우리말의 「~도」에 해당하는 조사로, 같은 종류 중에서 하나를, 또는 같은 것을 몇 가지 열거할 때 쓰이며, 두 가지 이상을 열거할 때는 ~も ~も ~です의 형태로 씁니다.

> ### これも あれも あなたのですか。
> 이것도 저것도 당신 것입니까?

STEP 3　패턴 문형 연습

보기처럼 우리말 뜻에 맞게 두 문장을 하나로 만들어 보세요.

─────────── | 보기 |

　これは ペンです/あれは ボールペンです。 이것은 펜입니다/저것은 볼펜입니다.

➔ これは ペンで、あれは ボールペンです。　이것은 펜이고, 저것은 볼펜입니다.

② これは くるまです/キムさんのです。　➔ ＿＿＿＿＿＿＿＿＿＿ 。
　　　　　　　　　　　　　　　　　　　　　　　이것은 차이고, 김씨 것입니다.

③ これも わたしのです/あれも わたしのです。➔ ＿＿＿＿＿＿＿＿＿ 。
　　　　　　　　　　　　　　　　　　　　　　　이것도 저것도 내 것입니다.

인칭대명사

1인칭	2인칭	3인칭	부정칭
わたくし 저	あなた 당신	このひと 이 사람	どのひと 어느 사람
わたし 나 · 저	きみ 자네 · 너	そのひと 그 사람	どのかた 어느 분
ぼく 나	おまえ 너	あのひと 저 사람	だれ 누구
おれ 나		このかた 이분	どなた 어느 분
		そのかた 그분	
		あのかた 저분	
		かれ 그, 그이	
		かのじょ 그녀	

かた는 **ひと**(사람)의 정중한 말로 우리말의 「～분」에 해당합니다. 또한 **ぼく, おれ, きみ, おまえ** 등은 친근한 사이나 손아랫사람에게 쓰이는 말로 남성어입니다.

Part

2

존재표현
あります 익히기

Unit 01

학습일

りんごは いつつ あります。

사과는 다섯 개 있습니다.

STEP 1 여러 번 듣고 소리내어 반복해서 읽어보세요.

A テーブルの うえに りんごは いくつ あります
か。

B りんごは いつつ あります。

A では、へやの なかに だれが いますか。

B へやの なかには こどもが います。

A 테이블 위에 사과는 몇 개 있습니까?
B 사과는 다섯 개 있습니다.
A 그럼, 방 안에 누가 있습니까?
B 방 안에는 어린이가 있습니다.

テーブル 테이블 うえ 위 りんご 사과 いくつ 몇 개 へや 방 なか 안 だれ 누구
こども 어린이 | ふでばこ 필통 ぎんこう 은행 デパート 백화점 まえ 앞 いぬ 개
にわ 뜰, 마당

STEP 2 이것만은 꼭 알아두세요.

▷ **あります** 있습니다

あります는 사물이나 식물 등, 동작성이 없는 것의 존재를 나타낼 때 쓰이는 말로 우리말의 「있습니다」에 해당합니다. 보통체는 **ある**(있다)이다. 조사 に는 존재하는 장소를 나타낼 때 쓰이며 우리말의 「~에」에 해당합니다.

▷ **います** 있습니다

います는 あります와 마찬가지로 존재를 나타내는 점에서는 동일하지만, 동작성이 있는 사람이나 동물 따위와 같은 생물의 존재를 나타낼 때 쓰입니다. 이처럼 우리말에는 존재를 나타내는 말이 하나밖에 없지만, 일본어에는 두 가지 표현이 있으므로 유의해야 합니다. 보통체는 **いる**(있다)입니다.

▷ 고유수사

一(ひと)つ 하나 **二(ふた)つ** 둘 **三(みっ)つ** 셋 **四(よっ)つ** 넷

五(いつ)つ 다섯 **六(むっ)つ** 여섯 **七(なな)つ** 일곱 **八(やっ)つ** 여덟

九(ここの)つ 아홉 **十(とお)** 열

STEP 3 패턴 문형 연습

보기처럼 주어진 말을 우리말 뜻에 맞게 문장을 완성해 보세요.

| 보기 |

えんぴつは ふでばこの なかに　　　　　연필은 필통 안에

➔ えんぴつは ふでばこの なかに あります。　연필은 필통 안에 있습니다.

① ぎんこうは デパートの まえに　　➔ ＿＿＿＿＿＿＿＿＿＿＿＿＿＿＿＿＿＿ 。
　　　　　　　　　　　　　　　　　　　은행은 백화점 앞에 있습니다.

② いぬは にわに　　　　　　　　　➔ ＿＿＿＿＿＿＿＿＿＿＿＿＿＿＿＿＿＿ 。
　　　　　　　　　　　　　　　　　　　개는 마당에 있습니다.

존재의 부정

へやの なかには だれも いません。

방 안에는 아무도 없습니다.

| STEP 1 | 여러 번 듣고 소리내어 반복해서 읽어보세요. |

A れいぞうこの なかには なにが ありますか。

B やさいと キムチと くだものが あります。

A では、へやの なかに だれが いますか。

B いま へやの なかには だれも いません。

A 냉장고 안에는 무엇이 있습니까?

B 야채와 김치와 과일이 있습니다.

A 그럼, 방 안에 누가 있습니까?

B 지금 방 안에는 아무도 없습니다.

れいぞうこ 냉장고 **やさい** 야채 **キムチ** 김치 **くだもの** 과일 | **うえ** 위 **おとな** 어른 **せんしゅ** 선수 **した** 아래 **かばん** 가방

이것만은 꼭 알아두세요.

▷ **ありません** 없습니다

ありません은 사물의 존재를 나타내는 あります의 부정형으로 우리말의 「없습니다」에 해당하며, 보통체는 ない(없다)입니다.

つくえの うえには なにも ありません。 책상 위에는 아무 것도 없습니다.

▷ **いません** 없습니다

동작성이 있는 생물의 존재를 나타내는 います의 부정형은 いません(없습니다)이고, 보통체는 いない(없다)입니다.

へやの なかに おとなは いません。 방 안에 어른은 없습니다.

▷ **~に, ~と, ~が** ~에, ~와(과), ~이(가)

に는 우리말의 「~에」에 해당하는 조사로 사물이나 생물이 존재하는 장소를 나타낼 때 쓰이며, と는 우리말의 「~와(과)」의 뜻으로 사물의 열거나 병립을 나타낼 때 쓰이는 조사입니다. が는 체언 또는 체언에 상당하는 말에 붙어 「~이, ~가」의 뜻으로 주격을 나타내는 조사입니다.

패턴 문형 연습

보기처럼 주어진 말을 우리말 뜻에 맞게 부정문으로 바꿔 보세요.

─────────────────────── | 보기 |

テーブルの うえに くだものが あります。 테이블 위에 과일이 있습니다.

➜ テーブルの うえに くだものは ありません。 테이블 위에 과일은 없습니다.

① あそこに せんしゅが います。 ➜ _____ 。
저기에 선수는 없습니다.

② いすの したに かばんが あります。 ➜ _____ 。
의자 밑에 가방은 없습니다.

Unit 03

존재의 과거

あなたは さっき どこに いましたか。

당신은 아까 어디에 *있었습니까?*

입에 착착!

STEP 1 여러 번 듣고 소리내어 반복해서 읽어보세요.

A ノートブックは つくえの うえに ありましたか。

B はい、ノートブックは つくえの うえに ありました。

A じゃ、あなたは さっき どこに いましたか。

B しゃちょうと いっしょに かいぎしつに いました。

A 노트북은 책상 위에 있었습니까?
B 네, 노트북은 책상 위에 있었습니다.
A 그럼, 당신은 아까 어디에 있었습니까?
B 사장님과 함께 회의실에 있었습니다.

ノートブック 노트북 **さっき** 아까 **しゃちょう** 사장(님) **いっしょ** 함께, 같이
かいぎしつ 회의실 | **ねこ** 고양이 **せんせい** 선생(님)

STEP 2   이것만은 꼭 알아두세요.

▷ **ありました**   있었습니다

ありました는 무생물의 존재를 나타내는 あります의 과거형으로 우리말의 「있었습니다」에 해당합니다.

> **ノートは かばんの なかに ありました。**
> 노트는 가방 속에 있었습니다.

> **あなたの えんぴつは どこに ありましたか。**
> 당신의 연필은 어디에 있었습니까?

▷ **いました**   있었습니다

いました는 생물의 존재를 나타내는 いる(있다)의 정중형인 います의 과거형으로 「있었습니다」의 뜻입니다. 즉, ます에 과거·완료를 나타내는 た가 접속된 형태입니다.

> **さっき にわに ねこが いました。**
> 아까 뜰에 고양이가 있었습니다.

STEP 3   패턴 문형 연습

보기처럼 주어진 말을 우리말 뜻에 맞게 과거로 바꿔 보세요.

┌─────────────────────────────────────── | 보기 | ─┐

　 にわに ねこが います。　　　　　　뜰에 고양이가 있습니다.

➔ にわに ねこが いました。　　　　　뜰에 고양이가 있었습니다.

└──┘

① あそこに せんせいが います。　➔ _____ 。
　　　　　　　　　　　　　　　　　　저기에 선생님이 있었습니다.

② ここに えんぴつが あります。　➔ _____ 。
　　　　　　　　　　　　　　　　　　여기에 연필이 있었습니다.

존재의 부정과거

はい、なにも ありませんでした。

네, 아무 것도 *없었습니다*.

STEP 1 여러 번 듣고 소리내어 반복해서 읽어보세요.

A　きむらさんは　じむしょに　いましたか

B　いいえ、きむらさんは　じむしょには　いません
　　でした。

A　では、つくえの　うえに　しょるいは　ありません
　　でしたか。

B　はい、なにも　ありませんでした。

A　기무라 씨는 사무실에 있었습니까?
B　아니오, 기무라 씨는 사무실에는 없었습니다.
A　그럼, 책상 위에 서류는 없었습니까?
B　네, 아무 것도 없었습니다.

じむしょ 사무실　**しょるい** 서류　**なにも** 아무것도　|　**ふでばこ** 필통　**がくせい** 학생
～たち ～들(복수를 나타냄)

STEP 2 이것만은 꼭 알아두세요.

▷ **ありませんでした** 없었습니다

ありませんでした는 あります의 부정형인 ありません에 단정을 나타내는 です
의 과거형인 でした가 접속된 형태로 우리말의 「없었습니다」에 해당하는 말입
니다.

> **ボールペンは ふでばこの なかに ありませんでした。**
> 볼펜은 필통 속에 없었습니다.

> **いすの したには なにも ありませんでしたか。**
> 의자 밑에는 아무 것도 없었습니까?

▷ **いませんでした** 없었습니다

いませんでした는 います의 부정형인 いません에 です의 과거형인 でした가
접속된 형태로 우리말의 「없었습니다」에 해당하는 말입니다.

> **がくせいたちは どこにも いませんでした。**
> 학생들은 어디에도 없었습니다.

STEP 3 패턴 문형 연습

보기처럼 주어진 말을 우리말 뜻에 맞게 바꿔 보세요.

─────────────────────────────────── | 보기 |

> かさは ここに ありました。　　　　우산은 여기에 있었습니다.
>
> ➔ かさは ここに ありませんでした。　우산은 여기에 없었습니다.

① りんごは ここに ありました。　　➔ _____ 。
　　　　　　　　　　　　　　　　　　사과는 여기에 없었습니다.

② こどもは へやに いました。　　　➔ _____ 。
　　　　　　　　　　　　　　　　　　어린이는 방에 없었습니다.

지시대명사

	근 칭	중 칭	원 칭	부정칭
사 물	これ 이것	それ 그것	あれ 저것	どれ 어느 것
장 소	ここ 여기	そこ 거기	あそこ 저기	どこ 어디
방 향	こちら こっち 이쪽	そちら そっち 그쪽	あちら あっち 저쪽	どちら どっち 어느 쪽
지 시	この 이	その 그	あの 저	どの 어느
연체사	こんな 이런	そんな 그런	あんな 저런	どんな 어떤
부 사	こう 이렇게	そう 그렇게	ああ 저렇게	どう 어떻게

일본어의 지시대명사는 일관되게 **こ·そ·あ·ど**의 체계로 이루어져 있습니다. 장소를 나타내는 지시대
명사 중에 원칭의 경우는 **あこ**가 아니라 **あそこ**임에 주의합시다. 또한 부사의 경우 원칭인 **ああ**는
あう라고 하지 않습니다. 방향을 나타내는 지시대명사인 경우 **-ちら**와 **-っち**의 두 가지 형태로 쓰이
는데, **-ちら**의 경우가 **-っち**보다 점잖은 표현입니다.

Part

3

꼭 알아야 할
숫자표현 익히기

숫자읽기

3年、4くみの きょうしつですか。

3학년 4반 교실입니까?

STEP 1 여러 번 듣고 소리내어 반복해서 읽어보세요.

A　あの、すみません。ここは ずこうしつですか。

B　いいえ、ずこうしつじゃ ないです。
　りかしつです。

A　あそこは 3年^{ねん} 4くみの きょうしつですか。

B　はい、そうです。

A　저, 실례합니다. 여기는 실습실입니까?
B　아니오, 실습실이 아닙니다. 과학실입니다.
A　저기는 3학년 4반 교실입니까?
B　네, 그렇습니다.

ずこうしつ 실습실 **りかしつ** 과학실 **年(ねん)** 년, 해 **くみ** 반 **きょうしつ** 교실 │
たまご 달걀

0

STEP 2 이것만은 꼭 알아두세요.

▷ **한자어 숫자읽기**

일본어 한자어 수사는 우리말의 한자어 수사와 마찬가지로 중국에서 전해 내려온 한자음으로 읽는 것을 말합니다.

一 1	二 2	三 3	四 4	五 5
いち	に	さん	し/よん	ご
六 6	七 7	八 8	九 9	十 10
ろく	しち/なな	はち	きゅう/く	じゅう

▷ **고유어 숫자읽기**

일본어의 수사에는 우리말 수사와 마찬가지로 한자어로 읽는 방법과 하나, 둘, 셋, 넷 … 처럼 고유어로 읽는 방법이 있습니다.

一つ	二つ	三つ	四つ	五つ
ひとつ 하나	ふたつ 둘	みっつ 셋	よっつ 넷	いつつ 다섯
六つ	七つ	八つ	九つ	十つ
むっつ 여섯	ななつ 일곱	やっつ 여덟	ここのつ 아홉	とお 열

STEP 3 패턴 문형 연습

보기처럼 주어진 말을 우리말 뜻에 맞게 물음에 답해 보세요.

| 보기 |

りんごは いくつ ありますか。/ひとつ   사과는 몇 개 있습니까? / 하나
➡ りんごは ひとつ あります。   사과는 하나 있습니다.

① たまごは いくつ ありますか。/ふたつ ➡ ＿＿＿＿＿＿＿＿＿＿＿ 。
달걀은 두 개 있습니다.

② つくえは いくつ ありますか。/みっつ ➡ ＿＿＿＿＿＿＿＿＿＿＿ 。
책상은 세 개 있습니다.

Unit 02

시간 표현

いま 何時 ですか。

지금 몇 시입니까?

STEP 1 여러 번 듣고 소리내어 반복해서 읽어보세요.

A　きむらさん、じゅぎょうは 何時_{なんじ}からですか。

B　じゅぎょうは ごぜん 9時_じからです。

A　いま、何時_{なんじ}ですか。

B　9時_じ 10分_{ぷん}まえです。

A　기무라 씨, 수업은 몇 시부터입니까?

B　수업은 오전 9시부터입니다.

A　지금, 몇 시입니까?

B　9시 10분전입니다.

じゅぎょう 수업 **なんじ** 몇 시 **～から** ～부터 **ごぜん** 오전 **いま** 지금 **まえ** 앞. 전
時(じ) 시 **分**(ふん) 분 **秒**(びょう) 초 **ごご** 오후

STEP 2　이것만은 꼭 알아두세요.

▷ 시간의 표현

一時	いちじ	二時	にじ	三時	さんじ	四時	よじ
五時	ごじ	六時	ろくじ	七時	しちじ	八時	はちじ
九時	くじ	十時	じゅうじ	十一時	じゅういちじ	十二時	じゅうにじ
何時	なんじ						
一分	いっぷん	二分	にふん	三分	さんぷん	四分	よんぷん
五分	ごふん	六分	ろっぷん	七分	ななふん	八分	はっぷん
九分	きゅうふん	十分	じゅっぷん	十一分	じゅういっぷん	十二分	じゅうにふん
何分	なんぷん						
一秒	いちびょう	二秒	にびょう	三秒	さんびょう	四秒	よんびょう
五秒	ごびょう	六秒	ろくびょう	七秒	ななびょう	八秒	はちびょう
九秒	きゅうびょう	十秒	じゅうびょう	十一秒	じゅういちびょう	十二秒	じゅうにびょう
何秒	なんびょう						

四時(よじ)와 **九時**(くじ)의 발음에 주의하고, **分**(ふん) 경우 앞의 음에 따라 탁음·반탁음이 되므로 주의해야 합니다.

STEP 3　패턴 문형 연습

보기처럼 주어진 질문에 맞게 주어진 말로 답해 보세요.

　　　　　　　　　　　　　　　　　　　　　　　　　　　　　　│ 보기 │

いま、何時ですか。 / ちょうど 12時　　지금 몇 시입니까? / 정각 12시
なん じ

➡ ちょうど じゅうにじです。　　　　　정각 열두 시입니다.

① いま、何時ですか。 / ごぜん 8時　➡ _____ 。
　　　なん じ
　　　　　　　　　　　　　　　　　　　　오전 여덟 시입니다.

② いま、何時ですか。 / ごご 6時　　➡ _____ 。
　　　なん じ
　　　　　　　　　　　　　　　　　　　　오후 여섯 시입니다.

Unit 03

날짜의 표현

きょうは 何日ですか。

오늘은 며칠입니까?

입에 착착!

| STEP 1 | 여러 번 듣고 소리내어 반복해서 읽어보세요. |

A きむらさん、きょうは 何日^{なんにち}ですか。

B きょうは みっかです。

A こんどの ちゅうかんテストは いつですか。

B そうですね。15日^{にち}じゃ ありませんか。

A 기무라 씨, 오늘은 며칠입니까?
B 오늘은 3일입니다.
A 이번 중간고사는 언제입니까?
B 글쎄요. 15일이 아닙니까?

きょう 오늘 **何日**(なんにち) 며칠 **こんど** 이번, 금번 **ちゅうかん** 중간 **テスト** 테스트, 시험 **いつ** 언제

STEP 2 이것만은 꼭 알아두세요.

▷ **날짜에 관한 표현**

날짜를 물을 때는 **何日(なんにち)**이라고 하며, 1일부터 10일까지는 고유어로 읽습니다. 14일, 20일, 24일의 읽는 방법에 주의합시다.

一日	ついたち	1일	十七日	じゅうしちにち	17일
二日	ふつか	2일	十八日	じゅうはちにち	18일
三日	みっか	3일	十九日	じゅうくにち	19일
四日	よっか	4일	二十日	はつか	20일
五日	いつか	5일	二十一日	にじゅういちにち	21일
六日	むいか	6일	二十二日	にじゅうににち	22일
七日	なのか	7일	二十三日	にじゅうさんにち	23일
八日	ようか	8일	二十四日	にじゅうよっか	24일
九日	ここのか	9일	二十五日	にじゅうごにち	25일
十日	とおか	10일	二十六日	にじゅうろくにち	26일
十一日	じゅういちにち	11일	二十七日	にじゅうしちにち	27일
十二日	じゅうににち	12일	二十八日	にじゅうはちにち	28일
十三日	じゅうさんにち	13일	二十九日	にじゅうくにち	29일
十四日	じゅうよっか	14일	三十日	さんじゅうにち	30일
十五日	じゅうごにち	15일	三十一日	さんじゅういちにち	31일
十六日	じゅうろくにち	16일	何日	なんにち	며칠

STEP 3 패턴 문형 연습

보기처럼 주어진 질문에 맞게 주어진 말로 답해 보세요.

──────────────── | 보기 |

きょうは 何日(なんにち)ですか。 / 7日　　　오늘은 며칠입니까? / 7일

➜ きょうは なのかです。　　　오늘은 7일입니다.

① きょうは 何日(なんにち)ですか。 / 10日　　➜ ＿＿＿＿＿＿＿＿＿＿＿＿＿ 。
　　　　　　　　　　　　　　　　　　　　　오늘은 10일입니다.

② きょうは 何日(なんにち)ですか。 / 20日　　➜ ＿＿＿＿＿＿＿＿＿＿＿＿＿ 。
　　　　　　　　　　　　　　　　　　　　　오늘은 20일입니다.

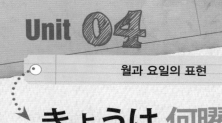

월과 요일의 표현

きょうは 何曜日ですか。

오늘은 무슨 요일입니까?

입에 착착!

STEP 1 여러 번 듣고 소리내어 반복해서 읽어보세요.

A　きむらさん、きょうは 何曜日(なんようび)ですか。

B　きょうは 木曜日(もくようび)です。

A　じゃ、おたんじょうびは いつですか。

B　4月(がつ)の ここのかです。

A　기무라 씨, 오늘은 무슨 요일입니까?
B　오늘은 목요일입니다.
A　그럼, 생일은 언제입니까?
B　4월 9일입니다.

何曜日(なんようび) 무슨 요일　**おたんじょうび** 생일　**いつ** 언제　**何月**(なんがつ)
언제　│　**なつやすみ** 여름방학

STEP 2 이것만은 꼭 알아두세요.

▷ **요일에 관한 표현**

회화체에서는 요일을 말할 때 흔히 ~日(び)를 생략하여 쓰기도 하며, 요일을 물을 때는 **何曜日**(なんようび)라고 합니다.

日曜日	にちようび	일요일	木曜日	もくようび	목요일
月曜日	げつようび	월요일	金曜日	きんようび	금요일
火曜日	かようび	화요일	土曜日	どようび	토요일
水曜日	すいようび	수요일	何曜日	なんようび	무슨 요일

▷ **월에 관한 표현**

달을 물을 때는 **何月**(なんがつ)라고 하며, 4월과 9월의 발음에 주의해야 합니다.

一月	いちがつ	1월	五月	ごがつ	5월	九月	くがつ	9월
二月	にがつ	2월	六月	ろくがつ	6월	十月	じゅうがつ	10월
三月	さんがつ	3월	七月	しちがつ	7월	十一月	じゅういちがつ	11월
四月	しがつ	4월	八月	はちがつ	8월	十二月	じゅうにがつ	12월

STEP 3 패턴 문형 연습

보기처럼 주어진 질문에 맞게 주어진 말로 답해 보세요.

─────| 보기 |─────

> きょうは 何曜日ですか。/ 月曜日   오늘은 무슨 요일입니까? / 월요일
> ➔ きょうは げつようびです。   오늘은 월요일입니다.

① きょうは 何曜日ですか。/ 金曜日   ➔ _____ 。
　　　　　　　　　　　　　　　　　　　　오늘은 금요일입니다.

② なつやすみは 何月ですか。/ 七月   ➔ _____ 。
　　　　　　　　　　　　　　　　　　　　여름방학은 7월입니다.

Unit 05

학습일

단정의 과거와 부정과거

4月の いつかは おやすみでしたね。

4월 5일은 휴일이었죠?

STEP 1 여러 번 듣고 소리내어 반복해서 읽어보세요.

입에 착착!

A きむらさん、おたんじょうびは いつですか。

B 先月(せんげつ)の いつかでした。

A 4月(がつ)うまれですね。4月(がつ)の いつかは おやすみでしたね。

B いいえ、その 日(ひ)は おやすみでは ありませんでした。

A 기무라 씨, 생일은 언제입니까?

B 지난 달 5일이었습니다.

A 4월 출생이군요. 4월 5일은 휴일이었죠?

B 아니오, 그 날은 휴일이 아니었습니다.

先月(せんげつ) 지난 달 **うまれ** 출생 **おやすみ** 휴일 **日**(ひ) 날 | **先週**(せんしゅう) 지난 주 **けっこんしき** 결혼식 **きのう** 어제 **前**(まえ) 앞 **公園**(こうえん) 공원 **おととい** 그제

STEP 2 이것만은 꼭 알아두세요.

▷ **~でした** ~었습니다

でした는 체언에 접속하여 우리말의 「~이었습니다」로 해석되며, 정중한 단정을 나타내는 です에 과거·완료를 나타내는 た가 접속된 형태입니다.

> きのうは 何月 何日でしたか。
>
> 어제는 몇 월 며칠이었습니까?

▷ **~では ありませんでした** ~이(가) 아니었습니다

では ありませんでした는 「~이(가) 아니었습니다」의 뜻으로 です의 부정형인 では ありません에 です의 과거형인 でした가 접속된 것입니다.

> きのうは 金曜日では ありませんでした。
>
> 어제는 금요일이 아니었습니다.
>
> 先週の 土曜日は けっこんしきじゃ ありませんでしたか。
>
> 지난 주 토요일은 결혼식이 아니었습니까?

STEP 3 패턴 문형 연습

보기처럼 우리말 뜻에 맞게 과거부정문으로 바꿔 보세요.

| 보기 |

> きのうは 日曜日でした。　　　　　　　어제는 일요일이었습니다.
>
> ➔ きのうは 日曜日では ありませんでした。　어제는 일요일이 아니었습니다.

① 前は ここは 公園でした。　➔ _____ 。

　전에는 여기는 공원이 아니었습니다.

② おとといは 十日でした。　➔ _____ 。

　그제는 10일이 아니었습니다.

일본어 표기법

句点(くてん)

마침표를 일본어에서는 **句点(くてん)**이라고 하며 하나의 문(**文**)이 완전히 끝났을 때 우리는 「.」으로 표기하지만 일본어에서는 「。」로 표기합니다.

読点(とうてん)

쉼표를 일본어에서는 **読点**이라고 하며, 문(**文**)을 일단 중지하거나, 이어짐이 분명하지 않으면 완전히 의미가 달라진 곳에 쓰입니다. 가로쓰기의 경우는 우리와 마찬가지로 「,」를 쓰지만, 세로쓰기의 경우는 「、」로 표기합니다. 그러나 일본어 표기는 주로 세로쓰기이므로 가로쓰기와 세로쓰기를 가리지 않고 모두 「、」로 표기하는 경우가 많습니다. 따라서 이 책에서도 「、」로 표기하였음을 밝혀둡니다.

띄어쓰기를 하지 않는다

일본어 표기법에서는 원칙적으로 띄어쓰기를 하지 않습니다. 그러나 어린이를 대상으로 하는 책이나 외국인을 위한 일본어 학습서 등에서는 학습자의 이해를 돕기 위해 의도적으로 띄어쓰기를 합니다.

오쿠리가나

한자 옆에 붙여쓰는 **かな**를 **おくりがな**라고 하며, 그 말의 읽기를 분명히 나타내는 역할을 합니다. 즉, **行く**의 **く**나, **小さい**의 **さい**가 **おくりがな**입니다.

후리가나

일명 「루비」라고도 하며, 한자의 위나 아래, 또는 옆에 작은 글자로 그 발음을 표기한 것을 **ふりがな**라고 합니다. **ふりがな**는 어려운 한자나 어린이를 대상으로 하는 책, 또는 외국인을 위한 학습서 등에 붙이는 경우가 있지만, 일반 표기에서는 붙이지 않으므로 한자 읽는 법을 잘 숙지해야 합니다.

4

형용사의
기본 다지기

형용사의 기본형과 정중형

日本語は とても やさしいです。

일본어는 매우 쉽습니다.

입에 착착!

> **STEP 1** 여러 번 듣고 소리내어 반복해서 읽어보세요.

A 先生、日本語は やさしいですか。

B はい、日本語は とても やさしいです。

A では、韓国語も やさしいですか。

B いいえ、韓国語は はつおんが むずかしい
です。

A 선생님, 일본어는 쉽습니까?

B 네, 일본어는 매우 쉽습니다.

A 그럼, 한국어도 쉽습니까?

B 아니오, 한국어는 발음이 어렵습니다.

日本語(にほんご) 일본어 **とても** 매우, 무척 **やさしい** 쉽다 **韓国語**(かんこくご) 한
국어 **はつおん** 발음 **むずかしい** 어렵다 │ **かみ** 종이 **しろい** 하얗다 **ふゆ** 겨울
さむい 춥다 **ひこうき** 비행기 **はやい** 빠르다 **おもしろい** 재미있다

STEP 2 이것만은 꼭 알아두세요.

▷ **일본어 형용사**

일본어의 형용사는 활용이 있는 자립어로써 사물의 성질과 상태를 나타냅니다. 단, 우리말 형용사와는 달리 의미로 분류하지 않고 어미의 형태로 분류하는 점이 다릅니다. 즉, 일본어의 형용사는 모든 어미가 い로 끝나며, 문장을 종결짓기도 합니다.

> **この かみは とても しろい。** 이 종이는 매우 하얗다.

▷ **~いです** ~합니다

형용사의 기본형은 보통체로 「~하다」의 뜻이지만, 기본형에 정중한 단정을 나타내는 です를 접속하면 「~합니다」의 뜻으로 상태를 정중하게 표현합니다. 질문을 할 때는 기본형에 ~ですか를 접속하면 됩니다.

> **この かみは とても しろいです。**
> 이 종이는 매우 하얗습니다.
>
> **日本語は やさしいですか。**
> 일본어는 쉽습니까?

STEP 3 패턴 문형 연습

보기처럼 주어진 말을 우리말 뜻에 맞게 정중체로 바꿔 보세요.

보기
韓国の ふゆは さむい。 한국의 겨울은 춥다
➔ 韓国の ふゆは さむいです。 한국의 겨울은 춥습니다.

① ひこうきは とても はやい。　➔ _____ 。
비행기는 매우 빠릅니다.

② この まんがは おもしろい。　➔ _____ 。
이 만화는 재미있습니다.

형용사의 정중한 부정

あまり 高くありません。

별로 비싸지 않습니다.

STEP 1 여러 번 듣고 소리내어 반복해서 읽어보세요.

A とても あかるい アパートですね。

B ええ。南向(みなみむ)きで、日当(ひあ)たりが いいです。

A わたしの アパートは 北向(きたむ)きで 日当(ひあ)たりが
よくありません。やちんは 高(たか)いですか。

B いいえ、あまり 高(たか)くありません。
安(やす)いです。

A 매우 밝은 아파트이군요.
B 예. 남향이라서 햇볕이 잘 듭니다.
A 우리 아파트는 북향이라서 햇볕이 잘 들지 않습니다. 집세는 비쌉니까?
B 아니오, 별로 비싸지 않습니다. 쌉니다.

あかるい 밝다 **アパート** 아파트 **南向(みなみむ)き** 남향 **日当(ひあ)たり** 양지
北向(きたむ)き 북향 **やちん** 집세 **高(たか)い** (값이) 비싸다 **あまり** 그다지, 별로
安(やす)い (값이) 싸다 ┃ **くすり** 약 **苦(にが)い** 쓰다 **あに** 형 **せ** 키

STEP 2　이것만은 꼭 알아두세요.

▷ **~くありません** ~지 않습니다

~くありません은 형용사의 정중형인 ~いです의 부정형으로 「~하지 않습니다」
의 뜻이 됩니다. 즉, 형용사를 부정할 때는 어미 い를 く로 바꾸고 정중한 부정의
뜻을 나타내는 ありません을 접속합니다. 또한, ~くありません에 종조사 か를
접속하면 질문을 나타냅니다.

> この 紙は あまり 白くありません。
>
> 이 종이는 별로 하얗지 않습니다.
>
> 日本語は むずかしくありませんか。
>
> 일본어는 어렵지 않습니까?

▷ **あまり** 그다지　**とても** 매우

あまり는 뒤에 부정어를 수반하여 쓰일 때는 「그다지, 별로」라는 뜻으로 쓰이지
만, 긍정어가 오면 「너무, 매우」라는 뜻으로 쓰입니다. 구어체에서는 강조하여
あんまり라고도 합니다.
とても는 「매우, 무척」이라는 뜻의 부사어로 그 정도가 강함을 나타냅니다.

STEP 3　패턴 문형 연습

보기처럼 주어진 말을 우리말 뜻에 맞게 부정문으로 바꿔 보세요.

――――――――――――| 보기 |

> ことしの 冬は 寒いです。　　　　　　　올 겨울은 춥습니다.
>
> ➡ ことしの 冬は あまり 寒くありません。　올 겨울은 그다지 춥지 않습니다.

① この くすりは 苦いです。　　➡ _____ 。
　　　　　　　　　　　　　　　　　이 약은 그다지 쓰지 않습니다.

② あには せが 高いです。　　➡ _____ 。
　　　　　　　　　　　　　　　　　형은 키가 그다지 크지 않습니다.

61

학습일

형용사의 연체형과 부정형

新しい ビデオテープが あります。

새로운 비디오테이프가 있습니다.

입에 착착!

STEP 1 여러 번 듣고 소리내어 반복해서 읽어보세요.

A そこに なにが ありますか。

B 新(あたら)しい ビデオテープが あります。

A それは おもしろい ビデオですか。

B いいえ、あまり おもしろくない ビデオです。

A 거기에 무엇이 있습니까?
B 새로운 비디오테이프가 있습니다.
A 그것은 재미있는 비디오입니까?
B 아니오, 별로 재미없는 비디오입니다.

新(あたら)しい 새롭다 **ビデオ** 비디오 **テープ** 테이프 **おもしろい** 재미있다
こいぬ 강아지 **映画(えいが)** 영화 **問題(もんだい)** 문제 **赤(あか)い** 빨갛다
厚(あつ)い 두껍다 **辞書(じしょ)** 사전

STEP 2　이것만은 꼭 알아두세요.

▷ **형용사의 연체형**

일본어의 형용사는 우리말의 형용사와는 달리 뒤의 체언을 수식할 때 기본형을 그대로 활용합니다. 즉, 우리말에 있어서는 「재미있다」가 「재미있는 만화」처럼 어미가 변하지만, 일본어의 형용사는 「~い＋체언」의 형태로 기본형을 취합니다.

あそこに 白い こいぬが います。

저기에 하얀 강아지가 있습니다.

▷ **형용사의 부정형**

형용사의 부정형은 어미 い가 く로 바뀌어 부정어 ない가 접속된 ~くない(~하지 않다) 형태를 취합니다. 부정형 상태로 문장을 마칠 때는 ~くありません(~하지 않습니다) 보통체가 되고, 체언에 이어질 때는 「~하지 않는」의 뜻이 됩니다.

この 映画は あまり おもしろくない。

이 영화는 별로 재미있지 않다.

これは あまり むずかしくない 問題です。

이것은 별로 어렵지 않은 문제입니다.

STEP 3　패턴 문형 연습

보기처럼 주어진 말을 우리말 뜻에 맞게 완성해 보세요.

─────────────────────────────── | 보기 |

　あそこに 赤い / くるまが あります　　저기에 빨갛다 / 차가 있습니다

➡ あそこに 赤い くるまが あります。　저기에 빨간 차가 있습니다.

① 厚い / 本は 辞書です。　　　　➡ ＿＿＿＿＿＿＿＿＿＿＿＿＿＿＿＿ 。
　　　　　　　　　　　　　　　　　두꺼운 책은 사전입니다.

② これは むずかしい / 問題です。➡ ＿＿＿＿＿＿＿＿＿＿＿＿＿＿＿＿ 。
　　　　　　　　　　　　　　　　　이것은 어려운 문제입니다.

형용동사의 기본형과 정중형

あなたの アパートも 静かですか。

당신 아파트도 조용합니까?

입에 착착!

| STEP 1 | 여러 번 듣고 소리내어 반복해서 읽어보세요. |

A　あなたの　マンションは　静(しず)かですか。

B　はい、とても　静(しず)かです。あなたの　アパートも
　　静(しず)かですか。

A　ええ。でも、交通(こうつう)が　不便(ふべん)です。

B　あ、そうですか。
　　わたしの　マンションは　交通(こうつう)も　便利(べんり)です。

A　당신 맨션은 조용합니까?
B　예, 매우 조용합니다. 당신 아파트도 조용합니까?
A　예. 하지만, 교통이 불편합니다.
B　아, 그렇습니까? 우리 맨션은 교통도 편합니다.

マンション 맨션　静(しず)かだ 조용하다　交通(こうつう) 교통　不便(ふべん)だ 불편
하다　便利(べんり)だ 편(리)하다 ┃ 公園(こうえん) 공원　なかなか 상당히　きれい
だ 깨끗하다　野菜(やさい) 야채　新鮮(しんせん)だ 신선하다

STEP 2 이것만은 꼭 알아두세요.

▷ **형용동사의 용법**

일본어의 형용사는 형태상 기본형의 어미가 い인 경우와 だ인 경우가 있습니다. 즉, 어미가 だ인 경우는 형용동사로서 앞서 배운 형용사와 어미의 형태가 다를 뿐 상태를 나타내는 점에 있어서는 형용사와 동일합니다. 단, 형용동사는 명사적 인 성질이 강하며, 우리말의 「명사＋하다」와 마찬가지로 상태를 나타낼 경우에 는 대부분 일본어의 형용동사에 해당합니다.

　　　わたしの へやは いつも **きれいだ**。 내 방은 항상 깨끗하다.

▷ **형용동사의 정중형**

です는 체언에 접속하여 정중한 단정을 나타내지만, 형용동사에도 접속하여 「～ 합니다」의 뜻으로 정중한 의미를 나타냅니다.

　　　この 公園は なかなか **静かです**。
　　　이 공원은 상당히 조용합니다.

　　　あなたの へやは いつも **きれいですか**。
　　　당신 방은 항상 깨끗합니까?

STEP 3 패턴 문형 연습

보기처럼 주어진 말을 우리말 뜻에 맞게 정중체로 바꿔 보세요.

| 보기 |

　　この アパートは とても 静かだ。　　이 아파트는 매우 조용하다.
➡ この アパートは とても 静かです。　　이 아파트는 매우 조용합니다.

① ここは 交通が 便利だ。　　➡ ＿＿＿＿＿＿＿＿＿＿＿＿＿＿＿ 。
　　　　　　　　　　　　　　　여기는 교통이 편합니다.

② この 野菜は 新鮮だ。　　➡ ＿＿＿＿＿＿＿＿＿＿＿＿＿＿＿ 。
　　　　　　　　　　　　　이 야채는 신선합니다.

학습일

형용동사의 연체형

なかなか りっぱな ビルですね。

상당히 훌륭한 빌딩이군요.

입에 착착!

STEP 1 여러 번 듣고 소리내어 반복해서 읽어보세요.

A　なかなか りっぱな ビルですね。

　　なんの ビルですか。

B　ええ。この りっぱな ビルは デパートです。

A　この せびろは どうですか。

B　そうですね。ちょっと はでじゃ ありません
　　か。

A　상당히 훌륭한 빌딩이군요. 무슨 빌딩입니까?
B　예. 이 훌륭한 빌딩은 백화점입니다.
A　이 양복은 어떻습니까?
B　글쎄요. 좀 화려하지 않습니까?

りっぱだ 훌륭하다　**ビル** 빌딩　**デパート** 백화점　**せびろ** 양복　**ちょっと** 좀
はでだ 화려하다 ｜ **住宅街**(じゅうたくがい) 주택가　**まじめだ** 착하다　**すきだ** 좋아하다
きらいだ 싫어하다　**たべもの** 먹을 것

66

STEP 2　이것만은 꼭 알아두세요.

▷ **형용동사의 연체형**

형용동사의 연체형은 어미 だ가 な로 바뀌어 뒤의 체언을 수식합니다. 즉, 형용사에서는 기본형 상태로 뒤의 체언을 수식하지만, 형용동사의 경우는 「~な＋체언」의 형태를 취합니다.

> ここは とても **静かな** 住宅街です。
>
> 여기는 매우 조용한 주택가입니다.

▷ **~では ありません**　~하지 않습니다

정중한 단정을 나타내는 です의 부정형인 では ありません은 형용동사에서도 마찬가지로 정중한 부정을 나타냅니다. 이처럼 일본어 형용동사는 명사적인 성질이 강하여 연체형을 제외하고는 단정의 です와 동일하게 활용을 합니다. 구어체에서는 줄여서 じゃ ありません이라고도 합니다.

> この 公園は あまり **静かでは ありません**。
>
> 이 공원은 별로 조용하지 않습니다.

STEP 3　패턴 문형 연습

보기처럼 주어진 말을 우리말 뜻에 맞게 완성해 보세요.

───── | 보기 |

なかなか りっぱだ / 人です　　상당히 훌륭하다 / 사람입니다

➔ なかなか りっぱな 人です。　상당히 훌륭한 사람입니다.

① わたしは まじめだ / 人が すきです　➔ ＿＿＿＿＿＿＿＿＿＿ 。

　　　　　　　　　　　　　　　　　　나는 착실한 사람을 좋아합니다.

② きらいだ / たべものは ありません　➔ ＿＿＿＿＿＿＿＿＿＿ 。

　　　　　　　　　　　　　　　　　　싫어하는 음식은 없습니다.

Unit 06

형용동사의 부정과거

학습일 ☐ ☐

あまり 便利では ありませんでした。

별로 편리하지 않았습니다.

STEP 1 여러 번 듣고 소리내어 반복해서 읽어보세요.

A この 商店街(しょうてんがい)は いつも にぎやかですか。

B ええ。いつも おおくの 人(ひと)たちで にぎやかです。

A それじゃ、交通(こうつう)も ずいぶん 便利(べんり)ですね。

B ええ。でも、むかしは あまり 便利(べんり)では ありませんでした。

A 이 상가는 늘 붐빕니까?

B 예, 늘 많은 사람들로 붐빕니다.

A 그럼, 교통도 무척 편리하겠군요?

B 예. 하지만, 옛날에는 별로 편리하지 않았습니다.

商店街(しょうてんがい) 상가 **いつも** 늘, 항상 **おおくの** 많은 **人(ひと)たち** 사람들
にぎやかだ 붐비다 **ずいぶん** 상당히 **むかし** 옛날 | **~での** ~에서의 **体(からだ)** 몸
じょうぶだ 튼튼하다 **歌手(かしゅ)** 가수 **有名(ゆうめい)だ** 유명하다

STEP 2   이것만은 꼭 알아두세요.

▷ **~でした** ~했습니다

형용동사의 어간에 です의 과거형인 でした를 접속하면 우리말의「~했습니다」
의 뜻으로 정중한 표현이 됩니다.

> **むかし、ここは とても 静かでした。**
>
> 옛날에 여기는 매우 조용했습니다.
>
> **日本での 生活は 便利でしたか。**
>
> 일본에서의 생활은 편했습니까?

▷ **~では ありませんでした** ~하지 않았습니다

정중한 부정형에 でした를 접속하면「~하지 않았습니다」의 뜻으로 과거의 부정
을 나타내며, 회화에서는 줄여서 ~じゃ ありませんでした로 나타냅니다.

> **むかし、ここは あまり 静かでは ありませんでした。**
>
> 옛날에 여기는 별로 조용하지 않았습니다.
>
> **日本での 生活は 不便では ありませんでしたか。**
>
> 일본에서의 생활은 불편하지 않았습니까?

STEP 3   패턴 문형 연습

보기처럼 주어진 말을 우리말 뜻에 맞게 바꿔 보세요.

┌── | 보기 |
│ 公園の 中は きれいでは ありません。   공원 안은 깨끗하지 않습니다.
│
│ ➔ 公園の 中は きれいでは ありませんでした。 공원 안은 깨끗하지 않았습니다.
└──

① 体は じょうぶでは ありません。 ➔ _____ 。

  몸이 튼튼하지 않았습니다.

② あの 歌手は 有名では ありません。 ➔ _____ 。

  저 가수는 유명하지 않았습니다.

인체의 명칭

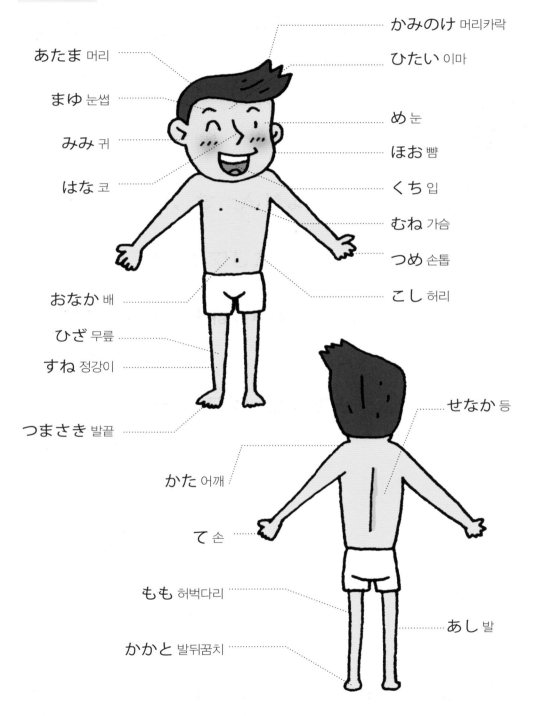

かみのけ 머리카락

ひたい 이마

あたま 머리

まゆ 눈썹

みみ 귀

はな 코

め 눈

ほお 뺨

くち 입

むね 가슴

つめ 손톱

こし 허리

おなか 배

ひざ 무릎

すね 정강이

つまさき 발끝

せなか 등

かた 어깨

て 손

もも 허벅다리

あし 발

かかと 발뒤꿈치

70

Part

5

열거 / 비교표현

익히기

학습일

お宅から 駅まで 遠いですか。

댁에서 역까지 멉니까?

STEP 1 여러 번 듣고 소리내어 반복해서 읽어보세요.

입에 착착!

A きむらさんの 会社_{かいしゃ}は 電車_{でんしゃ}の 駅_{えき}から 近_{ちか}い
ですか。

B いいえ、会社_{かいしゃ}までは 15分_{ふん}ぐらいで すこし 遠_{とお}
いです。

A お宅_{たく}から 駅_{えき}までも 遠_{とお}いですか。

B いいえ、5分_{ふん}ぐらいです。

A 기무라 씨의 회사는 전철역에서 가깝습니까?
B 아니오. 회사까지는 15분 정도로 조금 멉니다.
A 댁에서 역까지도 멉니까?
B 아니오, 5분 정도입니다.

会社(かいしゃ) 회사 電車(でんしゃ) 전차 駅(えき) 역 近(ちか)い 가깝다 遠(とお)い 멀다 お宅(たく) 댁 ┃ 家(いえ) 집 コップ 컵 水(みず) 물 なかば 절반
試験(しけん) 시험 旅行(りょこう) 여행 宿題(しゅくだい) 숙제 ページ 페이지. 쪽

STEP 2 이것만은 꼭 알아두세요.

▷ **~から~まで** ～에서(부터) ～까지

から는 여러 가지 용법으로 쓰이지만, 여기서는 우리말의 「～에서, ~부터」에 해
당하는 조사로 시간이나 거리 따위의 시작을 나타냅니다. 반대로 まで는 から와
대응하여 시간이나 거리 따위의 끝, 한계점을 나타낼 때 쓰이는 조사로 우리말의
「~까지」에 해당합니다.

> **あなたの 会社は 何時から 何時までですか。**
> 당신의 회사는 몇 시부터 몇 시까지입니까?

> **駅から 家までは 遠いですか。**
> 역에서 집까지는 멉니까?

▷ **~くらい** ~정도, 쯤

くらい는 「정도, 만큼, 가량」의 뜻으로 대략의 수량을 나타냅니다. 다른 말에 접
속하여 쓰일 때는 ぐらい로 쓰기도 합니다.

> **コップに 水が なかばぐらい あります。**
> 컵에 물이 절반 정도 있습니다.

STEP 3 패턴 문형 연습

보기처럼 주어진 말을 우리말 뜻에 맞게 완성해 보세요.

┌─────────────────────────────────── | 보기 |
│ **試験は あした / あさって**   시험은 내일 / 모레
│ ➔ **試験は あしたから あさってまでです。**   시험은 내일부터 모레까지입니다.
└───────────────────────────────────

① **旅行は きょう / 土曜日** ➔ _____ 。
여행은 오늘부터 토요일까지입니다.

② **宿題は 1ページ / 5ページ** ➔ _____ 。
숙제는 1쪽부터 5쪽까지입니다.

학습일

果物や ジュース など が あります。

과일이랑 주스 등이 있습니다.

입에 착착!

STEP 1 여러 번 듣고 소리내어 반복해서 읽어보세요.

A 冷蔵庫の 中に なんか ありますか。
<small>れいぞうこ</small> <small>なか</small>

B はい、野菜や 果物や ジュース などが あります。
<small>やさい</small> <small>くだもの</small>

A 牛乳は ありませんか。
<small>ぎゅうにゅう</small>

B いいえ、すこし あります。

A 냉장고 안에 뭔가 있습니까?
B 네, 야채랑 과일이랑 주스 등이 있습니다.
A 우유는 없습니까?
B 아니오, 조금 있습니다.

冷蔵庫(れいぞうこ) 냉장고　**野菜(やさい)** 야채　**果物(くだもの)** 과일　**ジュース** 주스
牛乳(ぎゅうにゅう) 우유　|　**はこ** 상자　**お菓子(かし)** 과자　**新聞(しんぶん)** 신문
肉(にく) 고기

STEP 2 이것만은 꼭 알아두세요.

▷ **~や ~や ~など** ~랑 ~랑 ~등

や는 체언에 접속하여 열거한 것 이외에 더 많은 것을 나타낼 때 쓰이는 조사로 우리말의 「~랑, ~이나」에 해당하며, 뒤에는 など(등, 따위)와 같은 말이 이어집니다. 그러나 앞서 배운 と는 열거한 것 이외는 없다는 뜻으로 쓰입니다.

▷ **なんか** 무언가

なにが는 의문사에 조사 が가 접속된 형태로 있는 것이 무엇인지를 물을 때 쓰이지만, なんか는 의문사에 불확실함을 나타내는 조사 か가 이어진 형태로 무언가가 있는지의 여부를 물을 때 쓰입니다. 따라서 なんか로 물으면 はい, いいえ로 대답해야 합니다.

> **はこの なかには なんか ありますか。**
> 상자 안에는 무언가 있습니까?

> **はい、お菓子 などが あります。**
> 네, 과자 등이 있습니다.

STEP 3 패턴 문형 연습

보기처럼 주어진 말을 우리말 뜻에 맞게 바꿔 보세요.

| 보기 |
| テーブルには りんごと なしが あります。　테이블에는 사과와 배가 있습니다. |
| ➔ テーブルには りんごや なしなどが あります。　테이블에는 사과랑 배 등이 있습니다. |

① かばんには 新聞と 雑誌が あります。　➔ _____ 。
가방에는 신문이랑 잡지 등이 있습니다.

② ここには キムチと 肉が あります。　➔ _____ 。
여기에는 김치랑 고기 등이 있습니다.

한정의 표현

男の 学生は ひとりしかいません。

남학생은 한 명밖에 없어요.

STEP 1 여러 번 듣고 소리내어 반복해서 읽어보세요.

입에 착착!

A 運動場には 男の 学生も おおぜい いますか。

B いいえ、男の 学生は ひとりしか いません。

A こどもは 何人ぐらい いますか。

B えっと、たくさん いますね。

A 운동장에 남학생들도 많이 있습니까?
B 아니오. 남학생은 한 명밖에 없어요.
A 어린이는 몇 명 정도 있습니까?
B 어디보자, 많이 있어요.

運動場 (うんどうじょう) 운동장 男 (おとこ) 남자 学生 (がくせい) 학생 ひとり 한
사람 何人 (なんにん) 몇 사람 | 広場 (ひろば) 광장 外国人 (がいこくじん) 외국인

STEP 2   이것만은 꼭 알아두세요.

▷ **~しかありません** ~밖에 없습니다

しか는 뒤에 부정어를 동반하여 「~밖에 , ~뿐」의 뜻으로 오직 그것뿐임을 나타내는 조사로 ~しか ありません(いません)은 「~밖에 없습니다」의 뜻이 됩니다.

> ここには りんごは 一^{ひと}つ**しか ありません**。
>
> 여기에는 사과는 하나밖에 없습니다.

▷ **おおぜい・たくさん** 많이

おおぜい는 사람이 많다는 뜻으로 쓰이는 부사어입니다. 물건이나 사람이 많음을 나타낼 때는 たくさん을 씁니다. 따라서 물건이 많음을 나타낼 때는 おおぜい를 절대로 쓰면 안 됩니다.

> 広場^{ひろ ば}には 人^{ひと}たちが **おおぜい** います。
>
> 광장에는 사람들이 많이 있습니다.

> かごには 果物^{くだもの}が **たくさん** あります。
>
> 바구니에는 과일이 많이 있습니다.

STEP 3   패턴 문형 연습

보기처럼 주어진 말을 우리말 뜻에 맞게 바꿔 보세요.

─────────────────────────── | 보기 |

> 女^{おんな}の人^{ひと}は 3人^{にん} います。   여자는 세 사람 있습니다.
>
> ➔ 女の人は 3人しかいません。   여자는 세 사람밖에 없습니다.

① 外国人^{がいこくじん}は ひとり います。   ➔ _____ 。

  외국인은 한 사람밖에 없습니다.

② いま、千円^{せんえん} あります。   ➔ _____ 。

  지금 천 엔밖에 없습니다.

최상급의 표현

スポーツの 中で 何が いちばん 好きですか。

스포츠 중에서 뭘 제일 좋아합니까?

STEP 1 여러 번 듣고 소리내어 반복해서 읽어보세요.

A キムさんは スポーツの 中^{なか}で 何^{なに}が いちばん 好^すきですか。

B わたしは サッカーが いちばん 好^すきです。

A キムさんは サッカーが 上手^{じょうず}ですか。

B いいえ、下手^{へた}です。

A   김씨는 스포츠 중에서 뭘 제일 좋아합니까?
B   저는 축구를 제일 좋아합니다.
A   김씨는 축구를 잘합니까?
B   아니오. 못합니다.

スポーツ 스포츠 **サッカー** 축구 **好(す)きだ** 좋아하다 **上手(じょうず)だ** 능숙하다
下手(へた)だ 서투르다 | **嫌(きら)いだ** 싫어하다 **野球(やきゅう)** 야구

STEP 2 이것만은 꼭 알아두세요.

▷ **~でいちばん** ~에서 가장

우리말의 그 중에서 제일(가장)이라는 최상급의 표현에 해당하는 일본어 표현은
~で いちばん입니다. 즉, では 한정을 나타내는 조사로 「~에서」의 뜻이고, いち
ばん은 「가장, 제일」이라는 뜻의 부사어입니다.

▷ **~が** ~(하)지만

が는 체언 및 체언에 상당하는 말에 접속하여 「~이, 가」의 뜻으로 주격을 나타내기
도 하고, 용언에 접속하여 「~지만, ~인데」의 뜻으로 전제, 보충, 설명 등을 뒤에 오
는 서술에 연결시키는 역할을 하기도 합니다. 그러나 が는 희망, 능력, 좋음, 싫음의
대상이 되는 말 앞에는 「~을(를)」로 해석합니다.

キムさんは 日本語が 上手です / 下手です。
김씨는 일본어를 잘합니다 / 서툽니다.

キムさんは 何が いちばん 好きですか / 嫌いですか。
김씨는 무엇을 가장 좋아합니까 / 싫어합니까?

STEP 3 패턴 문형 연습

보기처럼 주어진 말을 우리말 뜻에 맞게 완성해 보세요.

─────────────── | 보기 |

この ビルは 韓国 / 高い   이 빌딩은 한국 / 높다

➔ この ビルは 韓国で いちばん 高いです。 이 빌딩은 한국에서 가장 높습니다.

① 彼は この クラス / 背が 高い   ➔ _____ 。
                                    그는 이 반에서 가장 키가 큽니다.

② スポーツの 中 / 野球が 好きだ   ➔ _____ 。
                                    스포츠 중에 야구를 가장 좋아합니다.

비교의 표현

電車のほうが バスより 速いです。

전철이 버스보다 빠릅니다.

STEP 1 여러 번 듣고 소리내어 반복해서 읽어보세요.

A 電車と バスと、どちらの ほうが 速いですか。

B 電車の ほうが バスより 速いです。

A 家から シンチョンと ジョンノと、どちらの
   ほうが 近いですか。

B シンチョンの ほうが ジョンノより 近いです。

A 전철과 버스 중에 어느 쪽이 빠릅니까?

B 전철이 버스보다 빠릅니다.

A 집에서 신촌과 종로 중에 어느 쪽이 가깝습니까?

B 신촌이 종로보다 가깝습니다.

バス 버스   **速(はや)い** (속도가) 빠르다   **近(ちか)い** 가깝다 | **コーラ** 콜라   **タクシー** 택시

STEP 2　이것만은 꼭 알아두세요.

▷ **비교의 용법**

> Q : ～と ～と どちらの ほうが ～ですか
>   ～와 ～와 어느 쪽이 ～입니까?

> A : ～の ほうが ～より ～です
>   ～의 쪽이 ～보다 ～입니다.

두 가지 사물이나 사항을 비교할 때는 위의 문형을 취합니다. 이 때 ほう는 「쪽」 이라는 뜻이지만, 일부러 해석할 필요는 없으며, より는 비교를 나타낼 때 쓰이는 조사로 우리말의 「～보다」에 해당하는 조사입니다.

> Q : ジュースと コーラと どちらの ほうが 好きですか。
>   주스와 콜라와 어느 쪽을 좋아합니까?

> A : ジュースの ほうが コーラより 好きです。
>   주스를 콜라보다 좋아합니다.

STEP 3　패턴 문형 연습

보기처럼 주어진 말을 우리말 뜻에 맞게 완성해 보세요.

| ──────────────────────────────────── | 보기 |

日本語 / 韓国語 / むずかしい　　　　　　　　일본어 / 한국어 / 어렵다

➔ 日本語と韓国語とどちらの ほうが むずかしいですか。　일본어와 한국어 중에 어느 것이 어렵습니까?

① バス / タクシー / 速い　　　➔ ＿＿＿＿＿＿＿＿＿＿＿＿＿＿＿ 。
　　　　　　　　　　　　　　　버스와 택시 중에 어느 게 빠릅니까?

② ジュース / コーラ / 好きだ　➔ ＿＿＿＿＿＿＿＿＿＿＿＿＿＿＿ 。
　　　　　　　　　　　　　　　주스와 콜라 중에 어느 것을 좋아합니까?

학습일

요구의 표현

冷たい コーヒーを ください。

차가운 커피를 주세요.

입에
착착!

STEP 1 여러 번 듣고 소리내어 반복해서 읽어보세요.

A わたしは 冷(つめ)たい コーヒーを ください。

B アイスコーヒー ひとつですね。

A あ、すみません。ポテトも ください。

B はい、どうぞ。

A 나는 차가운 커피를 주세요.
B 아이스커피 한 잔이군요.
A 아, 죄송합니다. 포테이토도 주세요.
B 네. 여기 있습니다.

冷(つめ)たい 차갑다　**コーヒー** 커피　**アイスコーヒー** 아이스커피　**ポテト** 포테이토 ｜
ビール 맥주　**便(びん)せん** 편지지　**封筒(ふうとう)** 봉투　**よろしく** 잘　**熱(あつ)い**
뜨겁다　**冷(つめ)たい** 차갑다　**赤(あか)い** 빨갛다

STEP 2 이것만은 꼭 알아두세요.

▷ **~を ください** ~을 주세요

を는 우리말의 「~을, 를」에 해당하는 조사로, あ행의 お와 발음이 같지만 を는 조사로만 쓰입니다. ください는 상대에게 직접적인 요구를 할 때 쓰이는 말로 우리말의 「~주세요」에 해당합니다.

> **すみません。ビールを 一本（いっぽん）ください。**
>
> 여보세요. 맥주를 한 병 주세요.

> **すみません。便（びん）せんと 封筒（ふうとう）を ください。**
>
> 여보세요. 편지지와 봉투를 주세요.

▷ **どうぞ** 부디, 잘

どうぞ는 일본어 회화에서 가장 많이 쓰이는 말 중에 하나로 영어의 please와 비슷합니다. 따라서 どうぞ는 남에게 정중하게 부탁할 때나 요구를 할 때 사용하는 말로 우리말의 「부디, 자, 아무쪼록」 등으로 해석됩니다.

> **どうぞ よろしく お願（ねが）いします。**
>
> 부디 잘 부탁드립니다.

STEP 3 패턴 문형 연습

보기처럼 주어진 말을 우리말 뜻에 맞게 완성해 보세요.

| 보기 |

熱（あつ）い コーヒー　　　　　　뜨거운 커피

➔ **熱（あつ）い コーヒーを ください。**　뜨거운 커피를 주세요.

---

① **冷（つめ）たい コーラ**　　➔ _____ 。
　　　　　　　　　　　　차가운 콜라를 주세요.

② **赤（あか）い ボールペン**　➔ _____ 。
　　　　　　　　　　　　빨간 볼펜을 주세요.

가족의 호칭

남의 가족을 말할 때	자기 가족을 말할 때	의 미
おじいさん	祖父(そふ)	할아버지
おばあさん	祖母(そぼ)	할머니
お父(とう)さん	父(ちち)	아버지
お母(かあ)さん	母(はは)	어머니
お兄(にい)さん	兄(あに)	형님, 형
お姉(ねえ)さん	姉(あね)	누님, 누나
弟(おとうと)さん	弟(おとうと)	(남)동생
妹(いもうと)さん	妹(いもうと)	(여)동생
ご家族(かぞく)	家族(かぞく)	가족
ご両親(りょうしん)	両親(りょうしん)	부모님
ご主人(しゅじん)	主人(しゅじん)	주인, 남편
奥(おく)さん	家内(かない)	부인, 아내
ご兄弟(きょうだい)	兄弟(きょうだい)	형제
お子(こ)さん	子供(こども)	아이
お嬢(じょう)さん	娘(むすめ)	따님, 딸
息子(むすこ)さん	息子(むすこ)	아드님, 아들
おじさん	おじ	아저씨
おばさん	おば	아주머니

일본어에서는 자신의 가족을 상대에게 말할 때는 낮추어 말하고, 반대로 상대의 가족을 말할 때는 비록 어린애라도 높여서 말합니다. 또한 가족 간에 부를 때는 윗사람일 경우 높여 말합니다.

6

동사의 기본 다지기

Unit 01

일본어 동사

今 どこかへ 行くの。

지금 어디 가니?

STEP 1　여러 번 듣고 소리내어 반복해서 읽어보세요.

A　よしむらくん、いま どこかへ 行^いくの。

B　うん、近所^{きんじょ}の スーパーへ 買物^{かいもの}に 行^いくよ。

　　なんか あるの。

A　じつは、ちょっと 相談^{そうだん}が あるよ。

B　なに、どうしたの。

A　요시무라, 지금 어디 가니?
B　응, 근처 슈퍼에 뭐 좀 사려고. 왜?
A　사실은, 좀 의논할 게 있는데.
B　뭔데, 무슨 일이야?

行(い)**く** 가다　**近所**(きんじょ) 근처　**スーパー** 슈퍼　**買物**(かいもの) 물건사기
相談(そうだん) 상담. 의논

STEP 2 이것만은 꼭 알아두세요.

▷ **동사의 특징**

일본어의 동사는 단독으로 술어가 되고 사물의 동작이나 상태, 작용, 존재를 나타내며, 어미가 다른 말에 접속할 때 활용을 합니다.

① 일본어 동사는 의미로 분류하지 않고 어미의 형태로 분류합니다.

② 모든 동사의 어미는 う단으로 끝나며 9가지(う く ぐ す つ ぬ ぶ む る)가 있습니다.

③ 모든 동사가 규칙적으로 정격활용을 하고, 불규칙적으로 활용하는 변격동사는 2가지(くる, する) 뿐입니다.

▷ **동사의 종류**

① 5단동사

5단동사의 어미는 모두 9가지로 일단 어미가 る가 아니면 모두 5단동사입니다. 단, 어미가 る로 끝나는 동사는 어미 る 바로 앞 음절이 あ단, う단, お단에 속하면 무조건 5단동사입니다.

書^かく 쓰다	泳^{およ}ぐ 헤엄치다	話^{はな}す 이야기하다
会^あう 만나다	待^まつ 기다리다	ある 있다
死^しぬ 죽다	遊^{あそ}ぶ 놀다	読^よむ 읽다

② 상1단, 하1단동사

동사임을 결정하는 る 바로 앞 음절이 い단(い き し ち に ひ ……)에 속하면 상1단동사, え단(え け せ て ね へ ……)에 속하면 하1단동사입니다.

見^みる 보다	起^おきる 일어나다	いる 있다
出^でる 나오다	食^たべる 먹다	寝^ねる 자다

③ 변격동사

변격동사는 규칙적으로 활용하지 않는 것으로 くる(오다)와 する(하다) 두 개의 동사가 있습니다.

◈ 잘 이해가 되지 않으면 102쪽 동사의 구별 방법을 참고하세요.

5단동사의 정중형

今 どこへ 行きますか。

지금 어디에 갑니까?

입에 착착!

STEP 1 여러 번 듣고 소리내어 반복해서 읽어보세요.

A かねださん、今(いま) どこへ 行(い)きますか。

B 会社(かいしゃ)へ 行(い)きます。

A いつも この バス停(てい)で バスを 待(ま)ちますか。

B はい、そうです。

A 가네다 씨, 지금 어디 갑니까?

B 회사에 갑니다.

A 항상 이 버스정류장에서 버스를 기다립니까?

B 네, 그렇습니다.

会社(かいしゃ) 회사 **いつも** 늘, 항상 **バス停**(てい) 버스정류장 **待**(ま)**つ** 기다리다
読(よ)**む** 읽다 **空**(そら) 하늘 **飛**(と)**ぶ** 날다 **待**(ま)**つ** 기다리다

STEP 2 이것만은 꼭 알아두세요.

▷ **동사 ~ます**

ます는 우리말의 「~ㅂ니다」의 뜻으로 동사의 성질에 따라 현재의 상태를 정중하
게 나타내기도 하고, 습관적으로 계속되는 행동을 나타내기도 합니다. 또한 앞으
로의 일, 즉 「~겠습니다」의 뜻으로 의지를 나타내기도 합니다.

5단동사에 정중한 뜻을 나타내는 ます가 접속할 때 어미 う단이 い단으로 바뀌
며, 「~ㅂ니다」의 뜻을 나타냅니다.

기본형	의 미	정중형	의 미
書(か)く	쓰다	書きます	씁니다
泳(およ)ぐ	헤엄치다	泳ぎます	헤엄칩니다
買(か)う	사다	買います	삽니다
待(ま)つ	기다리다	待ちます	기다립니다
乗(の)る	타다	乗ります	탑니다
飲(の)む	마시다	飲みます	마십니다
呼(よ)ぶ	부르다	呼びます	부릅니다
死(し)ぬ	죽다	死にます	죽습니다
話(はな)す	이야기하다	話します	이야기합니다

STEP 3 패턴 문형 연습

보기처럼 주어진 말을 우리말 뜻에 맞게 정중형으로 바꿔 보세요.

┌─────────────────────────────────── | 보기 | ─┐

しんぶん を よ
新聞を 読む。   신문을 읽다.

➔ 新聞を 読みます。   신문을 읽습니다.

└───┘

そら と
① 空を 飛ぶ。   ➔ _____ 。
                   하늘을 납니다.

ひと ま
② 人を 待つ。   ➔ _____ 。
                   사람을 기다립니다.

Unit 03

1단동사와 변격동사의 정중형

ドラマを よく 見ますか。

드라마를 자주 봅니까?

STEP 1 | 여러 번 듣고 소리내어 반복해서 읽어보세요.

A よしむらさんは ドラマを よく 見(み)ますか。

B はい、よく 見(み)ます。それから ニュースも
スポーツも 見(み)ます。

A いつも 何時(なんじ)に 寝(ね)ますか。

B 10時半(じはん)に 寝(ね)ます。

A 요시무라 씨는 드라마를 자주 봅니까?
B 네, 자주 봅니다. 그리고, 뉴스랑 스포츠도 봅니다.
A 항상 몇 시에 잡니까?
B 10시 반에 잡니다.

ドラマ 드라마　**よく** 잘, 좋게　**見(み)る** 보다　**それから** 그리고　**ニュース** 뉴스
スポーツ 스포츠　**いつも** 늘, 항상　**寝(ね)る** 자다　**~時半(じはん)** ~시반
朝早(あさはや)く 아침 일찍　**出(で)かける** 외출하다

STEP 2 이것만은 꼭 알아두세요.

▷ **상1단 · 하1단동사 ~ます**

상1단동사나 하1단동사의 경우 마지막 음절인 る를 떼어내고 ます를 접속하며 정중한 표현이 됩니다.

기본형	의 미	정중형	의 미
起(お)きる	일어나다	起きます	일어납니다
食(た)べる	먹다	食べます	먹습니다

▷ **변격동사 ~ます**

일본어 동사의 대부분은 변격 활용을 하지 않고 정격 활용을 하지만, 예외적으로 くる(오다)와 する(하다)만은 변격 활용을 합니다. 즉, 정격 동사는 접속어가 이어질 때 어미만 변하지만, 변격 동사는 어간도 어미도 모두 변합니다.

기본형	의 미	정중형	의 미
来(く)る	오다	来(き)ます	옵니다
する	하다	します	합니다

STEP 3 패턴 문형 연습

보기처럼 주어진 말을 우리말 뜻에 맞게 정중형으로 바꿔 보세요.

──── | 보기 | ────

テレビを 見(み)る。   텔레비전을 본다.

➔ テレビを 見ます。   텔레비전을 봅니다.

① 会社(かいしゃ)で 食(た)べる。 ➔ _____ 。
회사에서 먹습니다.

② 朝早(あさはや)く 出(で)かける。 ➔ _____ 。
아침 일찍 나갑니다.

동사의 정중한 부정

うちでは あまり 遊びません。

집에서는 별로 놀지 않아요.

STEP 1 여러 번 듣고 소리내어 반복해서 읽어보세요.

A　たけださん、日曜日には どこで 遊びますか。

B　公園で 遊びます。

　　うちでは あまり 遊びません。

A　だれと 公園で 遊びますか。

B　つまと こどもと 遊びます。

A　다케다씨, 일요일에는 어디서 놉니까?
B　공원에서 놉니다. 집에서는 별로 놀지 않습니다.
A　누구랑 공원에서 놉니까?
B　아내와 아이랑 놉니다.

遊(あそ)ぶ 놀다　妻(つま) 아내 | 飲(の)む 마시다　会(あ)う 만나다　ご飯(はん) 밥
酒(さけ) 술　砂糖(さとう) 설탕　入(い)れる 넣다

STEP 2 이것만은 꼭 알아두세요.

▷ **~ません** ~하지 않습니다

ません은 동사에 접속하여 정중한 뜻을 나타내는 ます의 부정형으로 「~하지 않습니다, ~하지 않겠습니다」의 뜻으로 사용되며 정중한 부정을 나타냅니다.

> わたしは ビールは あまり 飲み**ません**。
>
> 저는 맥주는 별로 마시지 않습니다.
>
> つくえの 上に 本は あり**ません**か。
>
> 책상 위에 책이 없습니까?

▷ **~で** ~에서

で는 여러 가지 용법으로 쓰이는 조사로 여기서는 동작이 행해지는 장소를 나타낼 때 쓰이는 용법으로 우리말의 「~에서」에 해당합니다.

> わたしは 会社で ご飯を 食べます。
>
> 나는 회사에서 밥을 먹습니다.

STEP 3 패턴 문형 연습

보기처럼 주어진 말을 우리말 뜻에 맞게 부정문으로 바꿔 보세요.

| 보기 |

> お酒を 飲みます。　　술을 마십니다.
>
> ➔ お酒を 飲みません。　　술을 마시지 않습니다.

① コーヒーに 砂糖を 入れます。　➔ _____ 。

커피에 설탕을 넣지 않습니다.

② きょう きむらさんが 来ます。　➔ _____ 。

오늘 기무라 씨는 오지 않습니다.

동사의 정중한 과거

いつ 日本に 来ましたか。

언제 일본에 왔습니까?

STEP 1 여러 번 듣고 소리내어 반복해서 읽어보세요.

A 日本語<small>にほんご</small>が お上手<small>じょうず</small>ですね。どこで 習<small>なら</small>いましたか。

B いいえ、まだ 下手<small>へた</small>です。

韓国<small>かんこく</small>で 1年間<small>ねんかん</small> 習<small>なら</small>いました。

A いつ 日本<small>にほん</small>に 来<small>き</small>ましたか。

B ちょうど 1か月<small>げつ</small> 前<small>まえ</small>に 来<small>き</small>ました。

A 일본어 잘하시네요. 어디서 배우셨어요?

B 아니오, 아직 서툽니다. 한국에서 1년간 배웠습니다.

A 언제 일본에 오셨어요?

B 딱 1개월 전에 왔습니다.

習<small>(なら)</small>う 배우다　まだ 아직　ちょうど 정확히, 딱　|　デパート 백화점　新型<small>(しんがた)</small>
신형　テレビ 텔레비전　映画<small>(えいが)</small> 영화　友達<small>(ともだち)</small> 친구　勉強<small>(べんきょう)</small> 공부
休<small>(やす)</small>む 쉬다

STEP 2 이것만은 꼭 알아두세요.

▷ **~ました** ~했습니다

ました는 정중한 뜻을 나타내는 ます의 과거형으로 우리말의 「~했습니다」의 뜻을
나타내며, ます에 과거·완료를 나타내는 た가 접속된 형태입니다.

> きのう デパートで 新型の テレビを 買い**ました**。
>
> 어제 백화점에서 신형 텔레비전을 샀습니다.

> きむらさん、きのう どこへ 行き**ました**か。
>
> 기무라 씨, 어제 어디에 갔습니까?

▷ **접두어 お** 의 용법

おは 다른 말 앞에 붙어 존경의 뜻을 나타내기 위하여 상대방의 소유물이나 관계
되는 말 앞에 붙여 쓰는 접두어입니다.

> 先生の **お誕生日**は いつでしたか。
>
> 선생님의 생일은 언제였습니까?

STEP 3 패턴 문형 연습

보기처럼 주어진 말을 우리말 뜻에 맞게 과거문으로 바꿔 보세요.

보기
友達と 映画を 見ます。　　　　친구와 영화를 봅니다.
➔ 友達と 映画を 見ました。　　친구와 영화를 보았습니다.

① 日本語の 勉強を します。　　➔ ＿＿＿＿＿＿＿＿＿＿＿＿＿＿。
　　　　　　　　　　　　　　　　　일본어 공부를 했습니다.

② うちで 休みます。　　　　　　➔ ＿＿＿＿＿＿＿＿＿＿＿＿＿＿。
　　　　　　　　　　　　　　　　　집에서 쉬었습니다.

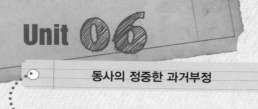

학습일

동사의 정중한 과거부정

きのうは どこへも 行きませんでした。

어제는 아무 데도 가지 않았습니다.

입에 착착!

STEP 1 여러 번 듣고 소리내어 반복해서 읽어보세요.

A　キムさんは きのう どこかへ 行^いきましたか。

B　いいえ、どこへも 行^いきませんでした。うちに いました。

A　おうちで 何^{なに}を しましたか。テレビを 見^みましたか。

B　いいえ、テレビは 見^みませんでした。ずっと 寝^ねました。

A　김씨는 어제 어딘가에 갔습니까?
B　아니오, 아무 데도 안 갔습니다. 집에 있었습니다.
A　집에서 뭘 했습니까? 텔레비전을 봤습니까?
B　아니오. 텔레비전은 안 봤습니다. 계속 잤습니다.

うち 집, 안　**ずっと** 쭉, 줄곧 ┃ **今年**(ことし) 올해, 금년　**だれ** 누구　**いなか** 시골

STEP 2 이것만은 꼭 알아두세요.

▷ **~ませんでした** ~하지 않았습니다

ませんでした는 정중한 뜻을 나타내는 ます의 부정형인 ません에 정중한 단정을 나타내는 です의 과거형인 でした가 접속된 형태로 「~하지 않았습니다」의 뜻입니다.

> きょうは、だれにも 会いませんでした。
> 오늘은 아무도 만나지 않았습니다.

> きむらさんは 今年 いなかへ 行きませんでしたか。
> 기무라 씨는 올해 시골에 가지 않았습니까?

▷ **~へ** ~에

へ는 방향을 나타낼 때 쓰이는 조사로 우리말의 「~에」에 해당합니다. 단, へ가 조사로 쓰일 때는 「헤 (he)」로 발음하지 않고 「에 (e)」로 발음한다는 점에 주의해야 합니다.

> キムさんは きのう どこへ 行きましたか。
> 김씨는 어제 어디에 갔습니까?

STEP 3 패턴 문형 연습

보기처럼 주어진 말을 우리말 뜻에 맞게 부정과거문으로 바꿔 보세요.

보기
会社へ 行きません　　　　　　　회사에 가지 않습니다
➜ 会社へ 行きませんでした。　　어제 회사에 가지 않았습니다.

① 何も 食べません。　　　　➜ _____ 。
　　　　　　　　　　　　　　　아무것도 먹지 않았습니다.

② どこへも 出かけません。　➜ _____ 。
　　　　　　　　　　　　　　　아무 데도 가지 않았습니다.

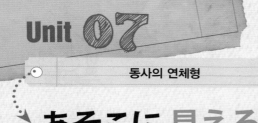

Unit 07

학습일

동사의 연체형

あそこに 見えるのが ふじさんですか。

저기에 보이는 것이 후지산입니까?

STEP 1　여러 번 듣고 소리내어 반복해서 읽어보세요.

A　あそこに 見(み)えるのが ふじさんですか。

B　はい。日本(にほん)で いちばん 高(たか)い 山(やま)です。

A　頂上(ちょうじょう)まで 登(のぼ)るのは たいへんですか。

B　はい。わたしは たいへんでした。

A　저기 보이는 게 후지산입니까?
B　네, 일본에서 가장 높은 산입니다.
A　정상까지 오르는 데 힘듭니까?
B　네. 저는 힘들었습니다.

見(み)える 보이다　頂上(ちょうじょう) 정상. 꼭대기　登(のぼ)る 오르다
たいへんだ 힘들다. 큰일이다 | 電灯(でんとう) 전등　消(け)す 끄다

98

STEP 2　이것만은 꼭 알아두세요.

▷ **동사의 연체형**

우리말에는 동사 뒤에 체언이 이어지면 「보이다＋것」의 형태가 「보이는＋것」으로 동사의 어미가 변하지만, 일본어 동사는 어미의 형태가 변하지 않고 위의 「見える＋の」의 형태에서 알 수 있듯이 기본형 상태에 체언이 이어집니다. 이것을 문법에서는 「연체형」이라고 합니다.

기본형	의 미	연체형	의 미
会(あ)う	만나다	会うとき	만날 때
呼(よ)ぶ	부르다	呼ぶとき	부를 때
見(み)る	보다	見るとき	볼 때
来(く)る	오다	来るとき	올 때

きょう **会う** 人は ソウルから 来る キムさんです。
오늘 만날 사람은 서울에서 오는 김씨입니다.

あなたは **寝る** 前に 電灯を 消しますか。
당신은 자기 전에 전등을 끕니까?

STEP 3　패턴 문형 연습

보기처럼 주어진 말을 우리말 뜻에 맞게 완성해 보세요.

───── | 보기 |

帰りは タクシーに 乗ります / つもりです　귀가는 택시를 탑니다 / 생각입니다

➔ 帰りは タクシーに 乗る つもりです　　　귀가는 택시를 탈 생각입니다.

① あした 来ます / 人は 誰ですか。 ➔ ＿＿＿＿＿＿＿＿＿＿＿＿＿＿＿＿ 。
내일 오는 사람은 누구입니까?

② 部屋に います / 人は 誰ですか。 ➔ ＿＿＿＿＿＿＿＿＿＿＿＿＿＿＿＿ 。
방에 있는 사람은 누구입니까?

예외 동사의 정중형

何時ごろ うちへ 帰りますか。

몇 시쯤 집에 갑니까?

| STEP 1 | 여러 번 듣고 소리내어 반복해서 읽어보세요. |

A   たなかさんは 何時ごろ うちへ 帰りますか。

B   ふつう、午後 6時半ごろ うちへ 帰ります。

A   うちへ 帰って、まず 何を しますか。

B   まず、お風呂に 入ります。

A   다나카 씨는 몇 시쯤 집에 갑니까?
B   보통, 오후 6시반 쯤에 집에 갑니다.
A   집에 가서, 먼저 뭘 하세요?
B   먼저, 목욕을 합니다.

まず 우선, 먼저   **お風呂(ふろ)に 入(はい)る** 목욕을 하다 | **何(なに)も** 아무 것도
秘密(ひみつ) 비밀   **大学(だいがく)** 대학

STEP 2 이것만은 꼭 알아두세요.

▷ **예외적인 5단동사**

일본어 동사 중에 끝음절이 る인 경우 어미 바로 앞 음절이 い단이면 상1단동사이고, え단이면 하1단동사입니다. 이 외에 あ단, う단, お단에 속하면 무조건 5단동사입니다. 그러나 る 바로 앞 음절이 い단과 え단에 속하더라도 상1단, 하1단동사의 활용을 하지 않고 예외적으로 5단동사 활용을 하는 것들이 있습니다. 예를 들면 다음과 같습니다.

入る 들어가다   切る 자르다   知る 알다

要る 필요하다   散る 떨어지다   走る 달리다

기본형	~ます(×)	~ます(○)	의 미
知(し)る	知ます	知ります	압니다
入(はい)る	入ます	入ります	들어갑니다
走(はし)る	走ます	走ります	달립니다
帰(かえ)る	帰ます	帰ります	돌아갑니다

STEP 3 패턴 문형 연습

보기처럼 주어진 말을 우리말 뜻에 맞게 바꿔 보세요.

| 보기 |

きょうは 早く 帰る   오늘은 일찍 돌아간다

➔ きょうは 早く 帰ります。   오늘은 일찍 돌아갑니다.

① 彼の 秘密を 知る。   ➔ _____ 。
그의 비밀을 압니다.

② 彼女は 大学に 入る。   ➔ _____ 。
그녀는 대학에 들어갔습니다.

알아두기

동사의 구별 방법

	あ행	**か**행	**が**행	**さ**행	**た**행	**な**행	**ば**행	**ま**행	**ら**행	동사 결정
あ단	あ a	か ka	が ga	さ sa	た ta	な na	ば ba	ま ma	ら ra	5단동사 결정
い단	い i	き ki	ぎ gi	し shi	ち chi	に ni	び bi	み mi	り ri	상1단동사 결정
う단	う u	く ku	ぐ gu	す su	つ tsu	ぬ nu	ぶ bu	む mu	る ru	동사어미
え단	え e	け ke	げ ge	せ se	て te	ね ne	べ be	め me	れ re	하1단동사 결정
お단	お o	こ ko	ご go	そ so	と to	の no	ぼ bo	も mo	ろ ro	5단동사 결정

5단동사

5단동사의 어미는 모두 9가지로 일단 る가 아니면 모두 5단동사입니다. 단, 어미가 る로 끝나는 동사는 어미 **る** 바로 앞 음절이 **あ**단, **う**단, **お**단에 속하면 무조건 5단동사입니다.

        ある(a ru)   →   る 앞의 음절이 **あ**단에 속함

        うる(u ru)   →   る 앞의 음절이 **う**단에 속함

        のる(no ru)   →   る 앞의 음절이 **お**단에 속함

상1단동사

어미 **る** 바로 앞 음절이 **い**단(**い き ぎ し ち に び み り**)에 속하면 상1단동사입니다.

        みる(mi ru)   →   る 앞의 음절이 **い**단에 속함

        おきる (oki ru)   →   る 앞의 음절이 **い**단에 속함

하1단동사

어미 **る** 바로 앞 음절이 **え**단(**え け げ せ て ね べ め れ**)에 속하면 하1단동사입니다.

        たべる(tabe ru)   →   る 앞의 음절이 **え**단에 속함

        しめる(sime ru)   →   る 앞의 음절이 **え**단에 속함

Part

7

접속표현
て형 익히기

학습일

형용사의 접속 · 연결 표현

値段も 安くて、おいしいです。

가격도 싸고 맛있습니다.

입에 착착!

STEP 1 여러 번 듣고 소리내어 반복해서 읽어보세요.

A あの レストランは どうですか。

B 値段(ねだん)も 安(やす)くて、とても おいしいです。

A ステーキも おいしいですか。

B はい、おいしくて いつも 食(た)べます。

A 저기 레스토랑은 어떻습니까?
B 가격도 싸고, 매우 맛있습니다.
A 스테이크도 맛있습니까?
B 네, 맛있어서 늘 먹습니다.

レストラン 레스토랑 **値段**(ねだん) 값 **安**(やす)**い** (값이) 싸다 **おいしい** 맛있다
ステーキ 스테이크 | **料理**(りょうり) 요리 **暑**(あつ)**い** 덥다 **遠足**(えんそく) 소풍
中止(ちゅうし)**する** 중지하다 **家賃**(やちん) 집세 **距離**(きょり) 거리

STEP 2 이것만은 꼭 알아두세요.

▷ **형용사 ~く** ~하게

형용사의 어미 い가 く로 바뀌어 뒤에 용언이 이어지면 「~하게」의 뜻으로 부사적인 용법으로 쓰입니다.

レストランで料理を おいしく 食べました。

레스토랑에서 요리를 맛있게 먹었습니다.

▷ **형용사 ~くて** ~하고, ~하며

~くて는 형용사에 접속조사 て가 이어진 형태로 형용사의 기본형 어미 い가 く로 바뀐 것입니다. 이 때 ~くて는 앞의 형용사를 뒤의 말과 연결하거나 나열, 원인, 이유를 나타내기도 합니다. 우리말 해석은 「~(하)고, ~(하)며, ~(하)여」 등으로 합니다.

この レストランは 安くて おいしいです。

이 레스토랑은 싸고 맛있습니다.

あまり 暑くて きょうの 遠足は 中止しました。

너무 더워서 오늘 소풍은 중지했습니다.

STEP 3 패턴 문형 연습

보기처럼 주어진 말을 우리말 뜻에 맞게 문장을 연결해 보세요.

> | 보기 |
> 家賃も 安い / まわりも 静かだ   집세도 싸다 / 주위도 조용하다
> ➔ 家賃も 安くて まわりも 静かです。   집세도 싸고 주위도 조용합니다.

① 距離も 近い / 交通も 便利だ   ➔ _____ 。

거리도 가깝고 교통도 편합니다.

② 料理も おいしい / 値段も 安い   ➔ _____ 。

요리도 맛있고 가격도 쌉니다.

Unit 02

학습일

형용동사의 접속 · 연결 표현

あの ホテルは 静かで きれいですか。

저 호텔은 조용하고 깨끗합니까?

STEP 1 여러 번 듣고 소리내어 반복해서 읽어보세요.

A あの ホテルは 静^{しず}かで きれいですか。

B そうですね。静^{しず}かですが、あまり きれいじゃ
ありません。

A サービスは どうですか。

B サービスは いいですが、あまり 人^{ひと}は いません。

A 저기 호텔은 조용하고 깨끗합니까?
B 글쎄요. 조용하지만, 별로 깨끗하진 않습니다.
A 서비스는 어떻습니까?
B 서비스는 좋은데, 별로 사람이 없습니다.

ホテル 호텔 **サービス** 서비스 ┃ **うるさい** 시끄럽다 **いい** 좋다 **品質**(ひんしつ) 품질
性格(せいかく) 성격

STEP 2 이것만은 꼭 알아두세요.

▷ **형용동사 ~で** ～하고, ～하며

で은 형용동사의 중지형으로 기본형 어미 -だ가 で로 바뀐 형태입니다. で는 문장을 중지하거나 앞의 형용동사를 뒤의 문장과 연결할 때도 쓰입니다. 또한 앞서 배운 형용사의 ~くて와 마찬가지로 「～하고, ～하며, ～하여」의 뜻으로 나열, 원인, 이유, 설명을 나타내기도 합니다.

> ここは 静かで あそこは うるさいです。
>
> 여기는 조용하고 저기는 시끄럽습니다.
>
> ここは 静かで なかなか いいですね。 여기는 조용해서 상당히 좋군요.

▷ **~が** ～(하)지만

が가 주격조사로 쓰일 때는 「～이(가)」의 뜻이지만, 용언 뒤에서 접속조사로 쓰일 때는 「～지만, ~는데」의 뜻으로 앞뒤의 사항을 연결시키거나, 의사를 완곡하게 나타낼 때 쓰입니다.

> 値段は 安いですが、品質は よく ありません。
>
> 가격은 싸지만, 품질은 좋지 않습니다.

STEP 3 패턴 문형 연습

보기처럼 주어진 말을 우리말 뜻에 맞게 문장을 연결해 보세요.

---| 보기 |---

> この レストランは 静かだ / きれいだ   이 레스토랑은 조용하다 / 깨끗하다
>
> ➔ この レストランは 静かで きれいです。   이 레스토랑은 깨끗하고 조용합니다.

① 交通も 便利だ / 家賃も 安い   ➔ ＿＿＿＿＿＿＿＿＿＿＿＿＿ 。
　　　　　　　　　　　　　　　　　교통도 편하고 집세도 쌉니다.

② あの 人は 有名だ / 性格も いい   ➔ ＿＿＿＿＿＿＿＿＿＿＿＿＿ 。
　　　　　　　　　　　　　　　　　저 사람은 유명하고 성격도 좋습니다.

Unit 03

5단동사의 イ음편

音楽も 聞いて 宿題も します。

음악도 듣고 숙제도 합니다.

STEP 1 여러 번 듣고 소리내어 반복해서 읽어보세요.

A かとうさん、日曜日(にちようび)には 何(なに)を しますか。

B うちで 音楽(おんがく)も 聞(き)いて 宿題(しゅくだい)も します。

A きのうは 何(なに)を しましたか。

B 友(とも)だちに 手紙(てがみ)を 書(か)いて 買物(かいもの)を しました。

A 가토 씨는 일요일에 뭘 합니까?
B 집에서 음악도 듣고 숙제도 합니다.
A 어제는 뭘 했습니까?
B 친구에게 편지를 쓰고 쇼핑을 했습니다.

音楽(おんがく) 음악 **宿題**(しゅくだい) 숙제 **友達**(ともだち) 친구 | **手紙**(てがみ) 편지 **夜遅**(よるおそ)く 밤늦게 **レポート** 리포트 **帽子**(ぼうし) 모자 **脱**(ぬ)ぐ 벗다 **上着**(うわぎ) 겉옷 **泳**(およ)ぐ 헤엄치다 **川**(かわ) 강 **渡**(わた)る 건너다

STEP 2 이것만은 꼭 알아두세요.

▷ **イ음편**

5단동사의 기본형 어미가 く・ぐ인 경우에 나열・동작의 연결・원인・이유・설명을 나타내는 접속조사 て가 이어질 때는 어미 く・ぐ가 い로 바뀝니다. 이것을 い음편이라고 합니다. 단, 어미가 ぐ인 경우는 탁음이 て에 이어져 で로 연탁이 되므로 주의해야 합니다.

기본형	의 미	~て	의 미
書(か)く	쓰다	書いて	쓰고, 써서
聞(き)く	듣다	聞いて	듣고, 들어서
泳(およ)ぐ	헤엄치다	泳いで	헤엄치고, 헤엄쳐서
脱(ぬ)ぐ	벗다	脱いで	벗고, 벗어서

夜遅くまで レポートを 書いて 寝ました。

밤늦게까지 리포트를 쓰고 잤습니다.

帽子を 脱いで 部屋の 中に 入ります。

모자를 벗고 방 안에 들어갑니다.

STEP 3 패턴 문형 연습

보기처럼 주어진 말을 우리말 뜻에 맞게 문장을 연결해 보세요.

| 보기 |

漢字を 書く / 遊ぶ　　　　　한자를 쓰다 / 놀다

➔ 漢字を 書いて 遊びました。　한자를 쓰고 놀았습니다.

① 上着を 脱ぐ / 食事を する　➔ _____ 。

겉옷을 벗고 식사를 했습니다.

② 泳ぐ / 川を 渡る　　　　　➔ _____ 。

헤엄쳐 강을 건넜습니다.

5단동사의 촉음편

電車に 乗って 行きます。

전철을 타고 갑니다.

STEP 1 여러 번 듣고 소리내어 반복해서 읽어보세요.

A きむらさんは 会社^{かいしゃ}まで 何^{なに}に 乗^のって 行^いきますか。

B 電車^{でんしゃ}に 乗^のって 行^いきます。

A おうちから 電車^{でんしゃ}の 駅^{えき}までは どうやって 行^いきますか。

B 歩^{ある}いて 行^いきます。

A 기무라 씨는 회사까지 뭘 타고 갑니까?
B 전철을 타고 갑니다.
A 댁에서 전철역까지는 어떻게 갑니까?
B 걸어갑니다.

乗(の)る 타다　電車(でんしゃ) 전철　会社(かいしゃ) 회사　駅(えき) 역
どうやって 어떻게　歩(ある)く 걷다 ｜ かばん 가방　持(も)つ 들다

STEP 2 이것만은 꼭 알아두세요.

▷ **촉음편**

5단동사의 기본형 어미가 う·つ·る인 경우에 나열·동작의 연결·원인·이유·설명을 나타내는 접속조사 て가 이어질 때는 어미 う·つ·る가 촉음 っ으로 바뀝니다. 이것을 촉음편이라고 합니다.

기본형	의 미	~て	의 미
買(か)う	사다	買って	사고, 사서
待(ま)つ	기다리다	待って	기다리고, 기다려서
乗(の)る	타다	乗って	타고, 타서

▷ **~に 乗る / 会う** ~을(를) 타다 / 만나다

우리말의 「~을(를) 타다」, 「~을(를) 만나다」를 일본어로 표현할 때는 그 대상어 다음에 조사 を(을/를)를 쓰지 않고 반드시 に를 써야 합니다.

<table>
<tr><td>택시를 타다</td><td>タクシーを 乗る(×)</td><td>タクシーに 乗る (○)</td></tr>
<tr><td>친구를 만나다</td><td>友達を 会う(×)</td><td>友達に 会う(○)</td></tr>
</table>

STEP 3 패턴 문형 연습

보기처럼 주어진 말을 우리말 뜻에 맞게 문장을 연결해 보세요.

──────── | 보기 |

田中さんに 会う / 話す   다나카 씨를 만나다 / 이야기하다

➔ 田中さんに 会って 話しました。 다나카 씨를 만나서 이야기했습니다.

① かばんを 持つ / 歩く   ➔ _____ 。
　　　　　　　　　　　　　　가방을 들고 걸었습니다.

② 電車に 乗る / 会社へ 行く   ➔ _____ 。
　　　　　　　　　　　　　　전철을 타고 회사에 갔습니다.

5단동사의 하네루 음편

公園で 遊んで 映画も 見ました。

공원에서 놀고 영화도 봤습니다.

STEP 1 여러 번 듣고 소리내어 반복해서 읽어보세요.

A よしださん、きのうは 何を しましたか。

B 友達と 公園で 遊んで、映画も 見ました。

A その あとは 何を しましたか。

B お酒を 飲んで、カラオケにも 行きました。

A 요시다 씨, 어제는 뭘 했습니까?

B 친구랑 공원에서 놀고, 영화도 봤습니다.

A 그 다음에는 뭘 했습니까?

B 술을 마시고, 가라오케에도 갔습니다.

後(あと) 뒤. 나중   お酒(さけ) 술 | 大(おお)きな 커다란   声(こえ) 목소리

親(した)しい 친하다   泣(な)く 울다   薬(くすり) 약   発表(はっぴょう) 발표

STEP 2 이것만은 꼭 알아두세요.

▷ **하네루 음편**

5단동사의 기본형 어미가 ぬ · む · ぶ인 경우에 나열 · 동작의 연결 · 원인 · 이유 · 설명을 나타내는 접속조사 て가 이어질 때는 어미 ぬ · む · ぶ가 하네루 음인 ん으로 바뀝니다. 이것을 하네루 음편이라고 합니다. 하네루 음편의 경우는 ん의 영향으로 접속조사 て가 で로 탁음이 됩니다.

기본형	의 미	~て	의 미
飲(の)む	마시다	飲んで	마시고, 마셔서
呼(よ)ぶ	부르다	呼んで	부르고, 불러서
死(し)ぬ	죽다	死んで	죽고, 죽어서

毎日新聞を 読んで ニュースを 聞きます。

매일 신문을 읽고 뉴스를 듣습니다.

友達が 大きな 声で 名前を 呼んで います。

친구가 큰 소리로 이름을 부르고 있습니다.

親しい 友人が 死んで 泣きました。

친한 친구가 죽어서 울었습니다.

STEP 3 패턴 문형 연습

보기처럼 주어진 말을 우리말 뜻에 맞게 문장을 연결해 보세요.

| 보기 |

薬を 飲む / ぐっすり 休む　　　　　　　약을 먹다 / 푹 쉬다

➔ 薬を 飲んで ぐっすり 休みました。　　약을 먹고 푹 쉬었습니다.

① 本を 読む / 発表する　　➔ _____ 。

　　책을 읽고 발표했습니다.

② 子犬が 死ぬ / 泣く　　➔ _____ 。

　　강아지가 죽어서 울었습니다.

Unit 06

5단동사의 무음편과 예외

ストーブを 消して きました。

스토브를 끄고 왔습니다.

입에 착착!

STEP 1   여러 번 듣고 소리내어 반복해서 읽어보세요.

A   きのしたさん、さっき どこへ 行って きましたか。

B   部屋の ストーブを 消して きました。

A   きょう 仕事が 終わって 何を する つもりですか。

B   彼女に 会って 映画を 見る つもりです。

A   기노시타 씨, 방금 어디 갔다왔습니까?
B   방에 스토브를 끄고 왔습니다.
A   오늘 일이 끝나고 무엇을 할 생각입니까?
B   여자친구를 만나 영화를 볼 생각입니다.

さっき 아까, 조금전   **ストーブ** 스토브   **仕事**(しごと) 일   **終**(お)**わる** 끝나다
つもり 생각 | **欠点**(けってん) 결점   **直**(なお)**す** 고치다

114

STEP 2 이것만은 꼭 알아두세요.

▷ **5단동사의 무음편과 예외**

5단동사 중에 어미가 す로 끝나는 것은 ます가 접속될 때와 마찬가지로 음편을
하지 않습니다. 또한 5단동사 중에 유일하게 **行く**(가다)만은 い음편을 하지 않고
촉음편을 합니다.

기본형	의 미	~て	의 미
話(はな)す	이야기하다	話して	이야기하고
消(け)す	끄다	消して	끄고, 꺼서
行(い)く	가다	行って	가고, 가서

彼女(かのじょ)が おもしろい ことを 話(はな)して くれました。

그녀가 재미있는 이야기를 해 주었습니다.

公園(こうえん)へ 行(い)って 彼女(かのじょ)に 会(あ)いました。

공원에 가서 그녀를 만났습니다.

STEP 3 패턴 문형 연습

보기처럼 주어진 말을 우리말 뜻에 맞게 문장을 연결해 보세요.

――――――――――――――――――| 보기 |―

　　火(ひ)を 消(け)す / 寝(ね)る　　　　　불을 끄다 / 자다

　➔ **火を 消して 寝ました。**　　　　　불을 끄고 잤습니다.

① **彼(かれ)は 欠点(けってん)を 直(なお)す / くれる**　➔ ＿＿＿＿＿＿＿＿＿＿＿＿＿ 。
　　　　　　　　　　　　　　　　　　　그는 결점을 고쳐 주었습니다.

② **おもしろい ことを 話(はな)す / くれる** ➔ ＿＿＿＿＿＿＿＿＿＿＿＿＿ 。
　　　　　　　　　　　　　　　　　　　재미있는 말을 해 주었습니다.

학습일

1단동사의 て형

朝 起きて 何を しますか。

아침에 일어나서 무엇을 합니까?

STEP 1   여러 번 듣고 소리내어 반복해서 읽어보세요.

A   みやもとさんは 朝 起きて 何を しますか。
あさ お なに

B   新聞を 読んで、庭で 体操を します。
しんぶん よ にわ たいそう

A   それでは、夜 寝る 前は 何を しますか。
よる ね まえ なに

B   ニュースを 見て、日記を 書きます。
み にっき か

A   미야모토 씨는 아침에 일어나서 무엇을 합니까?
B   신문을 읽고, 정원에서 체조를 합니다.
A   그러면, 밤에 자기 전에는 무엇을 합니까?
B   뉴스를 보고, 일기를 씁니다.

体操(たいそう) 체조   **夜**(よる) 밤   **日記**(にっき) 일기 | **数学**(すうがく) 수학
英語(えいご) 영어   **ドラマ** 드라마   **外出**(がいしゅつ)**する** 외출하다

STEP 2 이것만은 꼭 알아두세요.

▷ **1단동사의 て형**

상1단·하1단동사와 변격동사의 경우 접속조사 て가 이어질 때는 앞서 배운 ます가 접속할 때와 마찬가지로 어미 る가 생략된 형태에 이어집니다. 이것을 편의상 て형으로 하겠습니다.

기본형	의 미	~て	의 미
起(お)きる	일어나다	起きて	일어나고, 일어나서
食(た)べる	먹다	食べて	먹고, 먹어서

あの先生は 数学も 教えて 英語も 教えます。

저 선생님은 수학도 가르치고 영어도 가르칩니다.

朝6時に 起きて ニュースを 見て 朝ご飯を 食べます。

아침 6시에 일어나서 뉴스를 보고 아침밥을 먹습니다.

晩ご飯を 食べて テレビの ドラマを 見て 寝ます。

저녁밥을 먹고 텔레비전 드라마를 보고 잡니다.

STEP 3 패턴 문형 연습

보기처럼 주어진 말을 우리말 뜻에 맞게 문장을 연결해 보세요.

| 보기 |

ドラマを 見る / 寝る　　　　　드라마를 보다 / 자다

➔ ドラマを 見て 寝ました。　　드라마를 보고 잤습니다.

① ご飯を 食べる / 新聞を 読む ➔ _____ 。

밥을 먹고 신문을 읽었습니다.

② ドアを 閉める / 外出する ➔ _____ 。

문을 닫고 외출했습니다.

변격, 예외동사의 て형

相談を して 帰って 来ました。

상담을 하고 돌아왔습니다.

A ソウルへ 行って 何を して 帰って 来ましたか。

B 先生に 会って 相談を して 帰って 来ました。

A それだけですか。

B いいえ、じつは ミョンドンに 行って 買物も
して 来ました。

A 서울에 가서 무엇을 하고 돌아왔습니까?

B 선생님을 만나서 상담을 하고 돌아왔습니다.

A 그것뿐이에요?

B 아니오, 실은 명동에 가서 쇼핑도 하고 왔습니다.

相談(そうだん) 상담 ┃ **宿題**(しゅくだい) 숙제 **外**(そと) 밖 **夕ご飯**(ゆうごはん)
저녁밥

STEP 2 이것만은 꼭 알아두세요.

▷ 변격동사의 **て**형

변격동사인 **くる**(오다)와 **する**(하다)에 나열 · 동작의 연결 · 원인 · 이유 · 설명을 나타내는 접속조사 **て**가 이어질 때도 **ます**가 접속될 때와 마찬가지로 어간이 **き** · **し**로 변하고 어미 **る**가 탈락됩니다.

▷ 예외적인 5단동사 **て**형

형태상 상1단, 하1단동사이지만 5단동사 활용을 하는 예외적인 5단동사는 어미가 **る**이므로 촉음편을 합니다.

기본형	~て(✕)	~って(○)	의 미
知(し)る	知て	知って	알고, 알아서
入(はい)る	入て	入って	들어가고, 들어가서
走(はし)る	走て	走って	달리고, 달려서
帰(かえ)る	帰て	帰って	돌아가고, 돌아가서

STEP 3 패턴 문형 연습

보기처럼 주어진 말을 우리말 뜻에 맞게 문장을 연결해 보세요.

| 보기 |

友達が 来る / 遊ぶ   친구가 오다 / 놀고 있다

➔ 友達が 来て 遊びました。   친구가 와서 놀았습니다.

① 宿題を する / 外へ 出る   ➔ _____ 。
숙제를 하고 밖에 나갔습니다.

② うちへ 帰る / 夕ご飯を 食べる   ➔ _____ 。
집에 돌아와 저녁밥을 먹었습니다.

사람을 부를 때

「학생!」「아저씨!」「아가씨!」「아주머니!」 등, 우리말에서는 사람을 부를 때 쓰이는 호칭은 아주 다양합니다. 그러나 일본어로 **学生(がくせい)**!라고 부르는 경우는 결코 없습니다. 또한 모르는 사람에게 **おじさん(아저씨)!, おばさん(아주머니)!** 따위로 부르면 불쾌하게 여기는 사람도 적지 않을 것입니다. 모르는 사람에게 말을 걸 때는 **すみません!**이라고 하는 것이 가장 무난합니다. 다방이나 식당에서 종업원을 부를 때에도 역시 **すみません!**이라고 하면 됩니다. 우리가 가끔 듣게 되는 **おねえさん(언니)! おじさん(아저씨)!**이라 부르는 것은 일본어에서는 천박한 표현이 됩니다.

아이들은 부를 때도 존칭을 사용한다

우리는 아이들의 경우 이름만 부르는데 일본어에서는 남의 집 아이를 이름만으로 부르게 되면 아이의 부모에게 실례를 하는 격이 되며 아이 자신도 불쾌하게 느끼게 될 것입니다. **吉男(よしお)も 大(お お)きく なったなあ**(요시오도 많이 컸네) 등으로 말했다가는 **おじさん だれの? ぼくの こと 呼(よ)び捨(す)てに しないでよ**(아저씨 누구야? 나를 부를 때 이름만 함부로 부르지 말아요)라고 반발을 받게 될 것입니다. 일본에서는 부모조차도 자기 자식을 부를 때는 이름 뒤에 경칭을 붙여서 부릅니다. 우리 사고방식으로 보면 언뜻 납득이 되지 않겠지만 아무리 어린 아이라도 남의 아이를 부를 때는 ○○**ちゃん!** ○○**君(くん)!**이라고 부르도록 합시다.

ていただいて、こちらこそ楽しかったです
ちらへはどうやって行くのですか。またあ〉
来てもらえますか。ここの自慢料理は何で
か。地元の人がよく行くレストランはあり〉

Part

8

どこですか。何に興味をお持ちですか。〉
ーは何時間かかりますか。料金はいくらで
か。入場は有料ですか。たくさん取ってくだ
いね。無料のパンフレットはありますか。こ
近くにおいしいレストランはありませんか

진행 / 상태표현
익히기

ものかまだ来ていません。新しいのと取り〉
えてください。これはどういう料理ですか。
ぐできますか。静かな奥の席にお願いし

동작의 진행

吉村さんと 話を しています。

요시무라 씨와 이야기를 하고 있습니다.

STEP 1 여러 번 듣고 소리내어 반복해서 읽어보세요.

A よしむらさんと 話(はなし)を している 人(ひと)は だれですか。

B そうですね。

だれだか 知(し)りません。

A もしかして、なかむらさんじゃ ないですか。

B あ、やっぱり ふたり 付(つ)き合(あ)っているね。

A 요시무라 씨와 이야기를 하고 있는 사람은 누구예요?
B 글쎄요. 누구인지 모르겠는데요.
A 혹시, 나카무라 씨 아니에요?
B 아, 역시 둘이 사귀고 있구나.

話(はなし) 이야기　**だれだか** 누구인지　**もしかして** 혹시, 어쩌면　**やっぱり** 역시
二人(ふたり) 두 사람　**付**(つ)**き合**(あ)**う** 사귀다, 교제하다 | **赤**(あか)**ちゃん** 아기
泣(な)**く** 울다　**大人**(おとな) 어른　**海**(うみ) 바다

STEP 2 이것만은 꼭 알아두세요.

▷ **~ている(진행)** ～하고 있다

같은 동작이 계속되는 것을 나타내는 동사의 て형, 즉 접속조사 て가 연결되는 꼴에 보조동사 いる(있다)가 이어지면 「~하고 있다」의 뜻으로 동작의 진행을 나타냅니다. 이 때 いる는 진행의 뜻을 나타내는 보조동사로 쓰였더라도 활용은 상1단동사와 동일합니다.

기본형	의 미	~ている	의 미
書(か)く	쓰다	書いている	쓰고 있다
会(あ)う	만나다	会っている	만나고 있다
読(よ)む	읽다	読んでいる	읽고 있다
走(はし)る	달리다	走っている	달리고 있다
来(く)る	오다	来(き)ている	오고 있다

かのじょは へやで 音楽(おんがく)を 聞(き)**ています**。

그녀는 방에서 음악을 듣고 있습니다.

STEP 3 패턴 문형 연습

보기처럼 주어진 말을 우리말 뜻에 맞게 문장을 진행형으로 바꿔 보세요.

──| 보기 |──
赤(あか)ちゃんが 泣(な)く   아기가 울다
➡ 赤ちゃんが 泣いています。   아기가 울고 있습니다.

① おとなが 海(うみ)で 泳(およ)ぐ。   ➡ _____ 。
어른이 바다에서 헤엄치고 있습니다.

② 友達(ともだち)が 本(ほん)を 読(よ)む。   ➡ _____ 。
친구가 책을 읽고 있습니다.

> 동작 · 작용의 상태

メガネを かけている 方です。

안경을 쓰고 있는 분입니다.

입에 착착!

STEP 1 여러 번 듣고 소리내어 반복해서 읽어보세요.

A よしむらさんは どの かたですか。

B 白(しろ)い シャツを 着(き)て メガネを かけている
かたです。

A あの 赤(あか)い シャツの かたは どなたですか。

B あの かたは きむらさんです。

A 요시무라 씨는 어느 분입니까?
B 흰 셔츠를 입고 안경 쓰고 있는 분입니다.
A 저기 빨간 셔츠를 입은 분은 누구입니까?
B 저분은 기무라 씨입니다.

白(しろ)い 하얗다　**シャツ** 셔츠　**着(き)る** 입다　**眼鏡(めがね)** 안경　**かける** 걸치다. 걸다 | **床(ゆか)** 바닥　**かびん** 꽃병　**割(わ)れる** 깨지다　**感覚(かんかく)** 감각　**優(すぐ)れる** 뛰어나다　**止(と)まる** 멈추다

124

`STEP 2` 이것만은 꼭 알아두세요.

▷ **～ている(상태)** ~어 있다

동작의 결과가 새로운 상태로 바뀌는 동사 「**立(た)つ** 서다, **座(すわ)る** 앉다,
並(なら)ぶ 늘어서다, **死(し)ぬ** 죽다」 등의 て형에 보조동사 いる가 접속하면
「~(상태로) 있다」의 뜻으로 동작의 결과로 생기는 상태를 나타냅니다.

> 床_{ゆか}に かびんが 割_われ**ている**。
>
> 바닥에 꽃병이 깨져 있다.

▷ **상태만을 나타내는 동사**

동작의 결과로 생기는 상태 이외에 단순히 상태만을 나타내는 동사는 「**似(に)る**
(닮다), **そびえる**(솟다), **すぐれる**(뛰어나다) 등」이 있습니다. 이들 동사는 기본
형 상태로 쓰이는 일은 없으며 반드시 ~ている의 형태로만 쓰입니다.

> あの 人_{ひと}の 感覚_{かんかく}は 優_{すぐ}れ**ている**。
>
> 저 사람의 감각은 뛰어나다.
>
> この 子_こは 父_{ちち}に よく 似_に**ています**。
>
> 이 아이는 아버지를 많이 닮았습니다.

`STEP 3` 패턴 문형 연습

보기처럼 주어진 말을 우리말 뜻에 맞게 문장을 상태형으로 바꿔 보세요.

		보기
かびんが 割_わる	꽃병이 깨지다
➔ かびんが 割_われています。	꽃병이 깨져 있습니다.

① 時計_{とけい}が 止_とまる。　　➔ ＿＿＿＿＿＿＿＿＿＿＿＿＿＿＿＿ 。
시계가 멈춰 있습니다.

② おとうとは 父_{ちち}に 似_にる。　➔ ＿＿＿＿＿＿＿＿＿＿＿＿＿＿＿＿ 。
동생은 아버지를 닮았습니다.

타동사의 상태

何が 書いてありますか。

무엇이 적혀 있습니까?

입에
착착!

A   掲示板には 何が 書いてありますか。
けいじばん   なに   か

B   みうら先生の 宿題の 内容 などが 書いて
せんせい   しゅくだい   ないよう   か
あります。

A   この 落書きは だれが 書きましたか。
らくが   か

B   知りません。ずっと 前から 書いてありました。
し   まえ   か

A   게시판에는 뭐가 적혀 있습니까?

B   미우라 선생님의 숙제 내용 등이 적혀 있습니다.

A   여기 낙서는 누가 했습니까?

B   모릅니다. 옛날부터 써 있었습니다.

掲示板(けいじばん) 게시판   宿題(しゅくだい) 숙제   内容(ないよう) 내용   落書
(らくが)き 낙서   ずっと 쭉, 줄곧   知(し)る 알다 ┃ 切符(きっぷ) 표   花(はな) 꽃
生(い)ける 꽂다   火(ひ) 불   全部(ぜんぶ) 전부   消(け)す 끄다

STEP 2 이것만은 꼭 알아두세요.

▷ **~てある(상태)** ~어져 있다

일본어 동사 중에 의지를 나타내는 타동사의 て형에 보조동사 ある가 접속하면
「~어져 있다」의 뜻으로 누군가에 의한 의도된 행동이 남아 있는 상태를 나타냅
니다. 이 때 보조동사 ある(있다)도 본동사와 동일하게 활용을 합니다.

<ruby>切符<rt>きっぷ</rt></ruby>は もう <ruby>買<rt>か</rt></ruby>って**あります**。 표는 이미 사 두었습니다.

▷ **동사의 진행과 상태**

자동사에 ~ている가 접속하면「진행과 상태」를 나타내고, 타동사에 ~ている가
접속하면「진행」을 나타내고, ~てある가 접속하면「상태」를 나타냅니다.

① <ruby>窓<rt>まど</rt></ruby>が <ruby>開<rt>あ</rt></ruby>い**ている** 창문이 열려 있다   (상태)

② <ruby>窓<rt>まど</rt></ruby>が <ruby>開<rt>あ</rt></ruby>け**てある** 창문이 열려져 있다   (상태)

위의 예문 모두 상태를 나타내고 있지만 ①의 경우는 자동사로써 저절로 열려 있
는 상태를 말하고 ②의 경우는 타동사로 누군가에 의해서 열려져 있는 상태를 나
타냅니다.

STEP 3 패턴 문형 연습

보기처럼 주어진 말을 우리말 뜻에 맞게 문장을 상태형으로 바꿔 보세요.

| 보기 |

<ruby>黒板<rt>こくばん</rt></ruby>に <ruby>字<rt>じ</rt></ruby>を <ruby>書<rt>か</rt></ruby>く   칠판에 글씨를 적다

➔ <ruby>黒板<rt>こくばん</rt></ruby>に <ruby>字<rt>じ</rt></ruby>が <ruby>書<rt>か</rt></ruby>いてあります。   칠판에 글씨가 적혀 있습니다.

① テーブルに <ruby>花<rt>はな</rt></ruby>を <ruby>生<rt>い</rt></ruby>ける ➔ _____ 。
테이블에 꽃이 꽂혀 있습니다.

② <ruby>火<rt>ひ</rt></ruby>を <ruby>全部<rt>ぜんぶ</rt></ruby> <ruby>消<rt>け</rt></ruby>す ➔ _____ 。
불이 전부 꺼져 있습니다.

Unit 04

동작의 의뢰 · 요구 표현

학습일

ゆっくり 説明してください。

천천히 설명해 주세요.

STEP 1   여러 번 듣고 소리내어 반복해서 읽어보세요.

A   この 内容が よく わかりませんか。

B   はい、もう 一度 ゆっくり 説明してください。

A   じゃ、この 絵を ちゃんと 見てください。

B   テキストの 何 ページですか。

A   이 내용을 잘 모르겠습니까?

B   네, 다시 한 번 천천히 설명해 주세요.

A   그럼, 여기 그림을 잘 보세요.

B   교과서 몇 쪽입니까?

分(わ)かる 알다, 알 수 있다   **説明(せつめい)する** 설명하다   **絵(え)** 그림   **ちゃんと**
확실히, 똑똑히   **テキスト** 텍스트, 교과서   **名前(なまえ)** 이름

STEP 2 이것만은 꼭 알아두세요.

▷ **~てください** ~해 주세요

ください는 앞서 배웠듯이 くださる(주시다)의 명령형으로 무언가를 요구·부탁·명령을 할 때 쓰이는 표현으로 「주세요」의 뜻입니다. 따라서 동사의 て형에 ください를 접속하면 「~ 해 주세요」의 뜻으로 동작의 명령·요구의 표현이 됩니다. 참고로 ~てください는 직접적인 명령의 느낌을 주므로 정중하게 부탁할 때는 약간 거북한 느낌이 있습니다.

기본형	의 미	~てください	의 미
書(か)く	쓰다	書いてください	써 주세요
読(よ)む	읽다	読んでください	읽어 주세요
来(く)る	오다	来(き)てください	와 주세요

1ページから 3ページまで 読んでください。

1쪽부터 3쪽까지 읽으세요.

もっと ゆっくり 話してください。

더 천천히 이야기해 주세요.

STEP 3 패턴 문형 연습

보기처럼 주어진 말을 우리말 뜻에 맞게 문장을 요구 표현으로 바꿔 보세요.

───| 보기 |

ここに お名前を 書く   여기에 이름을 쓰다

➔ ここに お名前を 書いてください。   여기에 이름을 쓰세요.

① もっと ゆっくり 話す   ➔ _____ 。

　　　　　　　　　　　　더 천천히 말하세요.

② もう 一度 説明する   ➔ _____ 。

　　　　　　　　　　　　다시 한 번 설명해 주세요.

Unit 05

학습일

동작의 완료 후 계속 표현

お茶でも 飲んでから 帰りませんか。

차라도 마시고 나서 가지 않을래요?

STEP 1 여러 번 듣고 소리내어 반복해서 읽어보세요.

A なつださん、帰る ときに お茶でも 飲んで
から 帰りませんか。

B それは いい 考えですね。

A ご飯を 食べてから お茶を 飲むのは どう
ですか。

B はい、いいですね。

A 나츠다 씨, 돌아갈 때 차라도 마시고 나서 가지 않을래요?
B 그거 좋은 생각이군요.
A 밥을 먹고 나서 차를 마시는 건 어때요?
B 네, 좋아요.

お茶(ちゃ) 차　**考**(かんが)**える** 생각하다　**どう** 어떻게　|　**質問**(しつもん)**する** 질문하다
朝(あさ) 아침　**決定**(けってい)**する** 결정하다

130

STEP 2 이것만은 꼭 알아두세요.

▷ **~てから** ~하고 나서

てから는 앞의 동작이 일어난 후에 다른 동작이 행해지는 것을 말할 때 쓰는 표현으로 우리말의 「~하고 나서」에 해당합니다. 단순히 앞뒤의 두 개의 동작을 이어줄 때는 て를 쓰지만, 앞의 동작이 완전히 끝난 후에 다른 동작으로 옮길 때는 てから를 씁니다.

기본형	의 미	~てから	의 미
書(か)く	쓰다	書いてから	쓰고 나서
読(よ)む	읽다	読んでから	읽고 나서
来(く)る	오다	来(き)てから	오고 나서

說明を よく 聞いてから 質問してください。

설명을 잘 듣고 나서 질문해 주세요.

朝は 新聞を 読んでから 出かけます。

아침에는 신문을 읽고 나서 외출합니다.

STEP 3 패턴 문형 연습

보기처럼 주어진 말을 우리말 뜻에 맞게 문장을 바꿔 보세요.

──── | 보기 |

話を 聞く / 答える 　　　　　이야기를 듣다 / 대답하다

➔ 話を 聞いてから 答えてください。　이야기를 듣고 나서 대답하세요.

① 本を 読む / 質問する 　➔ _____ 。

　　　　　　　　　　　　　　책을 읽고 나서 질문하세요.

② よく 考える / 決定する 　➔ _____ 。

　　　　　　　　　　　　　　잘 생각하고 나서 결정하세요.

학습일

동작의 미완료 표현

まだ 来ていません。

아직 오지 않았습니다.

입에
착착!

STEP 1 여러 번 듣고 소리내어 반복해서 읽어보세요.

A 遅れて すみません。西山さんは もう 来て
いますか。

B いいえ、まだ 来ていません。変ですね。

A もう すぐ 来るでしょう。まだ 5分しか 過ぎてい
ませんから。

B でも、心配ですね。

A 늦어서 죄송합니다. 니시야마 씨는 이미 오셨습니까?
B 아니오. 아직 안 왔습니다. 이상하네요.
A 곧 오겠죠 뭐. 아직 5분밖에 안 지났으니까요.
B 그래도 걱정되네요.

変(へん)だ 이상하다 **すぐ** 곧. 금방 **過(す)ぎる** 지나다 **心配(しんぱい)** 걱정 │ **結婚**
(けっこん)する 결혼하다 **妹(いもうと)** 여동생

STEP 2   이것만은 꼭 알아두세요.

▷ **まだ~ていません**   아직 ~하지 않았습니다

まだ는 「아직」의 뜻을 가진 부사어로 뒤에 ~ていません의 형태로 쓰이면 「아직
~하지 않았습니다」의 뜻으로 동작의 미완료를 나타냅니다. 우리말로는 직역하
여 과거부정 まだ ~ませんでした라고 하지 않도록 주의합시다.

> ### 彼女は **まだ** 結婚して**いません**。
> 그녀는 아직 결혼하지 않았습니다.

▷ **もう**   벌써, 이미

もう는 「벌써, 이미 / 곧, 머지않아」의 뜻을 가진 부사어로 もう **少**しの 형태로
쓰이면 「좀 더」의 뜻으로 「더, 더 이상」을 나타냅니다.

> ### **もう** 起きる 時間ですね。
> 벌써 일어날 시간이군요.
>
> ### すみませんが、**もう** 少し 待ってください。
> 미안하지만, 좀 더 기다려 주세요.

STEP 3   패턴 문형 연습

보기처럼 주어진 말을 우리말 뜻에 맞게 문장을 바꿔 보세요.

─────────────────────── | 보기 |

> きむらさんは まだ 来ない   기무라 씨는 아직 오지 않다
> ➔ きむらさんは まだ 来ていません。 기무라 씨는 아직 오지 않았습니다.

① あの 映画は まだ 見ない   ➔ _____ 。
   그 영화는 아직 보지 않았습니다.

② いもうとは まだ 起きない   ➔ _____ 。
   여동생은 아직 일어나지 않았습니다.

133

あなた

우리말에서도 「당신」이라고 할 때에는 특별한 배경에 있는 것과 마찬가지로 일본어에서도 **あなた**
라고 할 때에는 미묘한 어감이 느껴집니다. 평상시에는 사용하지 않는 편이 좋습니다. 예컨대 아내가
남편을 부를 때나 혹은 말다툼하는 상대방을 지칭할 때 쓰는 말입니다. **あなたの お名前(なまえ)
は?**(당신의 이름은?)라든가, **あなたは 日本人(にほんじん)ですか?**(당신은 일본인입니까?) 등으
로 물으면 일본인들은 의아한 표정을 짓게 됩니다. 일본어에서는 가능한 상대방의 호칭을 애매하게 하
는 것이 미덕이라고 여기므로 2인칭 대명사는 대부분의 경우 사용되지 않습니다. 만약 이름을 묻고 싶
을 때는 **すみませんが、お名前は 何(なん)と おっしゃるのですか?**(실례지만, 성함은 어떻게
되시는지요?)라는 식으로 **あなた**라는 말을 쓰지 않고서 은근히 묻는 방법이 좋습니다.

君(くん)

학교에서 일본인 친구들이 **金君(くん)!** 등으로 부르는 통에 처음에는 무척 기분이 나빴다고 털어놓
는 우리 유학생들이 적지 않습니다. 우리는 **君**이란 호칭은 윗사람이 나이가 제법 차이가 나는 아랫사
람을 부를 때 쓰는 말인데 일본에서는 흔히 학생들끼리 **今井君! 森下君!** 등으로 성(姓)에다 **君**을 붙
여서 부릅니다. 그러므로 낮춰 부르는 것이 아니라 친근감을 나타내는 표현이라고 할 수 있습니다. 좀
더 친해지면 **今井! 森下!** 등으로 姓 뒤에 아무 호칭도 붙이지 않고 부릅니다. 우리처럼 이름만 부르
는 것은 정말 손꼽을 만한 친구에 한해서 부릅니다.

ていただいて、こちらこそ楽しかったです
ちらへはどうやって行くのですか。またあ
来てもらえますか。ここの自慢料理は何で
か。地元の人がよく行くレストランはあり

Part

9

どこですか。何に興味をお持ちですか。
ーは何時間かかりますか。料金はいくら
か。入場は有料ですか。たくさん取ってく
いね。無料のパンフレットはありますか。
丘くにおいしいレストランはありませんか

ます형에 이어지는
여러 패턴 익히기

このかまだ来ていません。新しいのと取
えてください。これはどういう料理ですか
でできますか。静かな奥の席にお願いし

학습일

동시동작의 표현

ドラマを 見ながら ご飯を 食べました。

드라마를 보면서 밥을 먹었습니다.

STEP 1 여러 번 듣고 소리내어 반복해서 읽어보세요.

A キムさん、今 何を していますか。

B 音楽を 聞きながら、日本語の 勉強を しています。

A 晩ご飯は まだですか。

B いいえ、さっき ドラマを 見ながら 食べました。

A 김씨, 지금 뭐 하세요?

B 음악을 들으면서 일본어 공부를 하고 있습니다.

A 저녁밥은 아직 안 먹었나요?

B 아니오. 아까 드라마를 보면서 먹었습니다.

音楽(おんがく) 음악 聞(き)く 듣다 勉強(べんきょう) 공부 | ビール 맥주 話(はな)し合(あ)う 이야기를 나누다 電話(でんわ) 전화 受(う)ける 받다

STEP 2 이것만은 꼭 알아두세요.

▷ **~ながら** ~하면서

ながら는 동사의 중지형, 즉 ます가 이어지는 꼴에 접속하여 「~하면서」의 뜻으로 두 가지 이상의 동작이 동시에 일어남을 나타냅니다.

기본형	의 미	~ながら	의 미
書(か)く	쓰다	書きながら	쓰면서
読(よ)む	읽다	読みながら	읽으면서
来(く)る	오다	来(き)ながら	오면서

音楽を 聞きます＋ 勉強を します
음악을 듣습니다 + 공부를 합니다

→ 音楽を 聞きながら 勉強を します。
음악을 들으면서 공부를 합니다.

STEP 3 패턴 문형 연습

보기처럼 주어진 말을 우리말 뜻에 맞게 문장을 연결해 보세요.

───────────────────────────── 보기 ─────

　ビールを 飲む / 話し合う　　　　맥주를 마시다 / 서로 이야기하다

　⊙ ビールを 飲みながら 話し合います。　맥주를 마시면서 서로 이야기합니다.

① パンを 食べる / ニュースを 聞く　⊙ _____ 。
　　　　　　　　　　　　　　　　　　빵을 먹으면서 뉴스를 듣습니다.

② テレビを 見る / 電話を 受ける　⊙ _____ 。
　　　　　　　　　　　　　　　　　　텔레비전을 보면서 전화를 받습니다.

희망의 표현

うちで ゆっくり したいです。

집에서 쉬고 싶습니다.

STEP 1 여러 번 듣고 소리내어 반복해서 읽어보세요.

A おかもとさんは 今度の 夏休みに どこへ 行きたいですか。

B わたしは どこへも 行きたく ありません。

A どうしてですか。せっかくの 夏休みなのに。

B 最近 疲れましたので、うちで ゆっくり したいです。

A 오카모토 씨는 이번 여름휴가에 어디에 가고 싶으세요?

B 저는 아무 데도 가고 싶지 않습니다.

A 왜요? 모처럼 여름휴가인데.

B 요즘 피곤해서, 집에서 푹 쉬고 싶습니다.

せっかく 모처럼 **夏休(なつやす)み** 여름방학(휴가) **最近(さいきん)** 최근, 요즘 **疲(つか)れる** 피곤하다, 지치다 **ゆっくり** 천천히 | **おいしい** 맛있다 **料理(りょうり)** 요리 **習(なら)う** 배우다

이것만은 꼭 알아두세요.

▷ ~たい　~하고 싶다

たい는 동사의 중지형, 즉 ます가 접속되는 꼴에 연결되며 말하는 사람이나 상대방의 직접적인 희망을 나타내는 말로 우리말의 「~하고 싶다」에 해당합니다. 또 희망하는 대상물에는 조사 を보다 が를 쓰는 것이 일반적입니다.

기본형	의 미	~たい	의 미
飲(の)む	마시다	飲みたい	마시고 싶다
食(た)べる	먹다	食べたい	먹고 싶다

또한, ~たい의 활용은 어미의 형태가 い이므로 형용사와 동일하게 활용합니다.

たまには 一杯 飲みたい ときも あります。
가끔은 한 잔 마시고 싶을 때도 있습니다.

今は 一杯も 飲みたくありません。
지금은 한 잔도 마시고 싶지 않습니다.

きむらさんは 今 何が いちばん 食べたいですか。
기무라 씨는 지금 무엇을 가장 먹고 싶습니까?

패턴 문형 연습

보기처럼 주어진 말을 우리말 뜻에 맞게 문장을 바꿔 보세요.

─────────────────────────────── | 보기 |

冷たい ジュースを 飲む　　　　차가운 주스를 마시다

➔ 冷たい ジュースが 飲みたいです。　차가운 주스를 마시고 싶습니다.

① おいしい 料理を 食べる。　➔ _____ 。

맛있는 요리를 먹고 싶습니다.

② 日本語を 習う。　➔ _____ 。

일본어를 배우고 싶습니다.

가벼운 요구 · 명령 표현

靴は あそこに 置きなさい。

구두는 저기에 놓아요.

STEP 1 여러 번 듣고 소리내어 반복해서 읽어보세요.

A ごめんください。のぐちです。

B はい、お入（はい）りなさい。ここに おかけなさい。

A すみません。くつは どこに 置（お）きますか。

B あそこに 置（お）きなさい。

A 실례합니다. 노구치입니다.

B 네. 들어와요. 여기 앉아요.

A 감사합니다. 신발은 어디에 놓습니까?

B 저기에 놓아요.

入（はい）る 들어가다, 들어오다　**かける** 걸터앉다　**くつ** 구두, 신발　**置（お）く** 놓다, 두다 |
座（すわ）る 앉다　**もっと** 더욱　**くわしく** 자세하게

STEP 2 이것만은 꼭 알아두세요.

▷ **~なさい** ~하거라

なさい는 동사 なさる(하시다)의 명령형으로 なさい의 정중한 표현은 ください
입니다. 따라서 なさい는 어린아이나 친한 손아랫사람에게 쓰입니다. 우리말의
「~하거라」에 해당하며, 앞에 존경의 접두어 お를 붙여 쓰기도 합니다. なさい의
접속은 동사에 ます가 접속할 때와 마찬가지입니다.

기본형	의 미	~なさい	의 미
書(か)く	쓰다	書きなさい	써라, 쓰시오
食(た)べる	먹다	食べなさい	먹어라, 먹으시오

はなこちゃん、ここに (お)座(すわ)りなさい。

하나꼬야, 여기에 앉아라.

何(なに)を しているの。はやく 歩(ある)きなさい。

무얼 하고 있니? 빨리 걸어라.

1ページから 2ページまで お読(よ)みなさい。

1쪽부터 2쪽까지 읽으시오.

STEP 3 패턴 문형 연습

보기처럼 주어진 말을 우리말 뜻에 맞게 문장을 바꿔 보세요.

---| 보기 |

中(なか)に 入(はい)る   안으로 들어가다

➔ 中に 入りなさい。   안으로 들어가거라.

① 今晩(こんばん)は 早(はや)く 寝(ね)る。   ➔ _____ 。
오늘밤은 일찍 자거라.

② もっと くわしく 話(はな)す。   ➔ _____ 。
더 자세히 이야기하거라.

학습일 ☐ ☐

동작의 난이도 표현

人も 親切で 住みやすいです。

사람들도 친절해서 살기 좋습니다.

입에 착착!

STEP 1 여러 번 듣고 소리내어 반복해서 읽어보세요.

A きむらさん、ソウルの 生活(せいかつ)は いかがですか。

B 物価(ぶっか)も東京(とうきょう)より 安(やす)く、人(ひと)も 親切(しんせつ)で 住(す)みやすい ところです。

A 韓国語(かんこく ご)は もう 大丈夫(だいじょうぶ)ですか。

B 韓国語(かんこく ご)は まだ わかりにくいですが、がんばります。

A 기무라 씨, 서울 생활은 어떠십니까?

B 물가도 도쿄보다 싸고, 사람들도 친절해서 살기 좋은 곳입니다.

A 한국어는 이제 괜찮습니까?

B 한국어는 아직 어려운데, 열심히 하겠습니다.

生活(せいかつ) 생활 **いかが** 어떻게 **物価**(ぶっか) 물가 **安**(やす)**い** (값이) 싸다
住(す)**む** 살다 **がんばる** 분발하다 | **柔**(やわ)**らかい** 부드럽다 **強**(つよ)**い** 강하다
秋(あき) 가을 **涼**(すず)**しい** 시원하다 **過**(す)**ごす** 지내다 **苦**(にが)**い** 쓰다

STEP 2 이것만은 꼭 알아두세요.

▷ **~やすい・~にくい** ~하기 쉽다(편하다)・어렵다(힘들다)

やすい는 형용사형 접미어로 동사의 중지형, 즉 ます가 접속하는 형태에 접속하여 그러한 동작이나 작용이 「~하기 쉽다, ~하기 편하다」의 뜻을 나타내는 형용사를 만듭니다. 반대로 にくい도 やすい와 마찬가지로 동사의 중지형에 접속하여 「~하기 어렵다, ~하기 힘들다」의 뜻을 나타내는 형용사를 만듭니다.

기본형	~やすい	의 미	~にくい	의 미
書(か)く	書きやすい	쓰기 쉽다	書きにくい	쓰기 어렵다
食(た)べる	食べやすい	먹기 편하다	食べにくい	먹기 힘들다

ひらがなは 読みやすくて 書きやすいです。

히라가나는 읽기 쉽고 쓰기 쉽습니다.

この 肉は 柔らかくて 食べやすいです。

이 고기는 부드러워서 먹기 편합니다.

この ウイスキーは 強くて 飲みにくいです。

이 위스키는 독해서 마시기 힘듭니다.

STEP 3 패턴 문형 연습

보기처럼 주어진 말을 우리말 뜻에 맞게 문장을 완성해 보세요.

──────────── | 보기 |

この 肉は 柔らかい / 食べる (やすい)　　이 고기는 부드럽다 / 먹다(편하다)

➔ この 肉は 柔らかくて 食べやすいです。　이 고기는 부드러워서 먹기 편합니다.

① 秋は 涼しい / 過ごす (やすい)　　➔ ＿＿＿＿＿＿＿＿＿＿＿＿＿＿＿＿ 。
　　　　　　　　　　　　　　　　　　가을은 시원해서 지내기 편합니다.

② この 薬は 苦い / 飲む (にくい)　　➔ ＿＿＿＿＿＿＿＿＿＿＿＿＿＿＿＿ 。
　　　　　　　　　　　　　　　　　　이 약은 써서 먹기 힘듭니다.

동작의 목적 표현

デパートへ 洋服を 買いに 行きました。

백화점에 옷을 사러 갔습니다.

학습일

입에 착착!

STEP 1 여러 번 듣고 소리내어 반복해서 읽어보세요.

A いもうとさんは どこかへ 行^いきましたか。

B はい、母^{はは}と デパートへ 洋服^{ようふく}を 買^かいに 行^いきました。

A おとうとさんも どこかへ 行^いきましたか。

B はい、おとうとは 父^{ちち}と 運動^{うんどう}に 行^いきました。

A 여동생은 어딘가 갔습니까?
B 네, 어머니랑 백화점에 옷을 사러 갔습니다.
A 남동생도 어딘가 갔습니까?
B 네. 남동생은 아버지와 운동하러 갔습니다.

妹(いもうと)さん 여동생　母(はは) 어머니　洋服(ようふく) 양복(서양옷)
弟(おとうと)さん 남동생　父(ちち) 아버지　運動(うんどう) 운동 ┃ 雪祭(ゆきまつ)り
눈축제　図書館(としょかん) 도서관　資料(しりょう) 자료　集(あつ)める 모으다

144

STEP 2　이것만은 꼭 알아두세요.

▷ **동사의 중지형 ~に行く** ~하러 가다

동사의 중지형, 즉 ます가 접속되는 형태에 조사 に가 접속하면「~하러」의 뜻으로 동작의 목적을 나타냅니다. 뒤에는 **行く**(가다), **来る**(오다), **帰る**(돌아오다), **出かける**(나가다), **戻る**(되돌아오다) 등 이동을 나타내는 동사가 옵니다.

> キムさんは 映画を 見に 行きました。
>
> 김씨는 영화를 보러 갔습니다.

▷ **동작성 명사 ~に行く** ~하러 가다

일반적으로 **見学**(견학), **ドライブ**(드라이브), **相談**(상담), **散歩**(산책), **食事**(식사) 등의 동작성 명사 뒤에 に가 이어지면「~하러」의 뜻으로 동작의 목적을 나타냅니다.

> イさんは 食事に 行きました。
>
> 이씨는 식사하러 갔습니다.

STEP 3　패턴 문형 연습

보기처럼 주어진 말을 우리말 뜻에 맞게 문장을 완성해 보세요.

| 보기 |

> さっぽろへ 行く / 雪祭りを 見る　　삿포로에 가다 / 눈축제를 보다
>
> ➡ さっぽろへ 雪祭りを 見に 行きました。　삿포로에 눈축제를 보러 갔습니다.

① 図書館へ 行く / 資料を 集める　　➡ _____ 。
　도서관에 자료를 모으러 갔습니다.

② 病院へ 行く / 血圧を 計る　　➡ _____ 。
　병원에 혈압을 재러 갔습니다.

과도한 상태의 표현

ちょっと 音楽が 大きすぎます。

좀 음악이 너무 큽니다.

STEP 1 여러 번 듣고 소리내어 반복해서 읽어보세요.

A 私は 紅茶に しますが、鈴木さんは 何に なさい ますか。

B ジュースに します。この 喫茶店は 静かで 雰 囲気も いいですね。

A はい、そうですね。でも、ちょっと 音楽が 大 きすぎます。

B そうですか。わたしには ちょうど いいです。

A 저는 홍차로 할건데, 스즈키 씨는 뭘로 하시겠습니까?
B 주스로 하겠습니다. 여기 다방은 조용하고 분위기도 좋네요.
A 네, 그러네요. 그런데, 조금 음악이 너무 크네요.
B 그래요? 저는 딱 좋은데요.

紅茶(こうちゃ) 홍차　なさる 하시다　ジュース 주스　喫茶店(きっさてん) 다방
雰囲気(ふんいき) 분위기　音楽(おんがく) 음악　大(おお)きい 크다　ちょうど 마침,
적당히 ┃ カメラ 카메라　ゆうべ 어젯밤　朝寝坊(あさねぼう) 늦잠　コーヒー 커피

STEP 2 이것만은 꼭 알아두세요.

▷ **~すぎる** 너무 ~하다

동사의 중지형, 즉 ます가 접속되는 형태나 형용사와 형용동사는 어간에 **すぎる**가 접속되면 「너무(지나치게) ~하다」의 뜻으로 어떤 동작이나 상태가 도에 지나친 것을 나타냅니다. 활용은 동사와 동일합니다.

> この カメラは 高<ruby>高<rt>たか</rt></ruby>**すぎます**ね。
>
> 이 카메라는 너무 비싸군요.

> ゆうべ <ruby>飲<rt>の</rt></ruby>み**すぎて** <ruby>朝寝坊<rt>あさ ね ぼう</rt></ruby>を しました。
>
> 어젯밤 과음을 해서 늦잠을 잤습니다.

▷ **~にする** ~으로 하다

동사 **する**는 어떤 동작을 「하다」라는 뜻인데, 어떤 일(것)을 선택할 때도 쓰입니다. 이때는 선택의 대상이 되는 명사 뒤에는 조사 **に**가 와야 합니다.

> わたしは <ruby>冷<rt>つめ</rt></ruby>たい コーヒー**に します**。
>
> 나는 차가운 커피로 하겠습니다.

STEP 3 패턴 문형 연습

보기처럼 주어진 말을 우리말 뜻에 맞게 문장을 바꿔 보세요.

보기

<ruby>ご飯<rt>はん</rt></ruby>を <ruby>食<rt>た</rt></ruby>べる　　　　　　밥을 먹다

➔ ご飯を 食べすぎました。　　밥을 너무 많이 먹었습니다.

① <ruby>彼<rt>かれ</rt></ruby>は タバコを <ruby>吸<rt>す</rt></ruby>う。　➔ _____ 。

그는 담배를 너무 많이 피웁니다.

② この あたりは <ruby>静<rt>しず</rt></ruby>かだ。　➔ _____ 。

이 주위는 너무 조용합니다.

인사표현 ① 일상적으로 만났을 때

아침에 일어나서 점심때까지는 **おはようございます**라고 하며, 친구나 아랫사람이라면 **おはよう** 라고 해도 됩니다. 또, 낮부터 저녁때까지는 **こんにちは**라고 하며, 해가 지고 어두워지면 **こんばん は**라고 인사를 나눕니다. **こんにちは**와 **こんばんは**는 더 정중한 말이 없으므로 손윗사람이나 손 아랫사람에게 모두 쓸 수 있으며, 여기서 **は**(하)는 「와」로 발음한다는 점의 주의합시다.

おはよう ございます。   안녕하세요.〈아침인사〉

おはよう。   안녕.

こんにちは。   안녕하세요.〈낮인사〉

こんばんは   안녕하세요.〈저녁인사〉

ていただいて、こちらこそ楽しかったです
ちらへはどうやって行くのですか。またあ
来てもらえますか。ここの自慢料理は何で
か。地元の人がよく行くレストランはあり
か。注文を確かめてください。注文を変えう

Part

10

どこですか。何に興味をお持ちですか。
ーは何時間かかりますか。料金はいくらで
か。入場は有料ですか。たくさん取ってくだ
いね。無料のパンフレットはありますか。こ
近くにおいしいレストランはありませんか

예정 / 완료표현
익히기

ものがまだ来ていません。新しいのと取り
えてください。これはどういう料理ですか
ぐできますか。静かな奥の席にお願いし

Unit 01

동작의 예정 표현

학습일

2、3日で もどる つもりです。

2, 3일이면 돌아갈 생각입니다.

| STEP 1 | 여러 번 듣고 소리내어 반복해서 읽어보세요. |

입에 착착!

A よしむらさん、いつ 韓国に 帰る 予定ですか。

B そうですね。2、3日で もどる つもりです。

A 日本に 行って 家族にも 会う 予定ですか。

B その つもりですが、まだ わかりません。

A 요시무라 씨, 언제 한국으로 돌아오실 예정입니까?

B 글쎄요, 2, 3일 정도 후에 돌아가려고요.

A 일본에 가서 가족들도 만나실 예정입니까?

B 그럴 생각인데, 아직 모르겠어요.

もどる 돌아오다 予定(よてい) 예정 家族(かぞく) 가족 会(あ)う 만나다 | 病院 (びょういん) 병원 海外(かいがい) 해외 旅行(りょこう) 여행

▷ **동사의 기본형 + つもりだ** ~할 생각이다

つもり는 우리말의 「생각, 의도, 작정」을 뜻하는 말로 つもりだ(です)의 형태로 동사의 기본형 다음에 오면 앞으로의 일에 대해서 확정된 것은 아니지만 어떻게 하겠다고 작정·예정할 때 사용합니다.

> いったい どう 言^いう **つもりですか。**
>
> 도대체 어떻게 말할 작정입니까?
>
> あした 病院^{びょういん}に 行^いく **つもりです。**
>
> 내일 병원에 갈 생각입니다.

▷ **동사의 기본형 + 予定だ** ~할 예정이다

つもりだ(です)는 확정되지 않은 예정을 나타내지만, 동사의 기본형에 **予定**だ(です)를 접속되면 이미 확정된 예정을 말한다.

> 夏休^{なつやす}みに 海外旅行^{かいがいりょこう}に 行^いく **予定^{よてい}です。**
>
> 여름휴가 때 해외여행을 갈 예정입니다.

보기처럼 주어진 말을 우리말 뜻에 맞게 문장을 바꿔 보세요.

─────────────── | 보기 |

> あした ソウルへ 行^いきます。　　　내일 서울에 갑니다.
> ➡ あした ソウルへ 行く つもりです。　내일 서울에 갈 생각입니다.

① 彼女^{かのじょ}と 映画^{えいが}を 見^みます。　➡ _____ 。

그녀와 영화를 볼 생각입니다.

② 土曜日^{どようび}に 彼^{かれ}に 会^あいます。　➡ _____ 。

토요일에 그이를 만날 생각입니다.

151

동작의 준비 · 유지 표현

ホテルの 予約も しておきました。

호텔 예약도 해 두었습니다.

STEP 1 여러 번 듣고 소리내어 반복해서 읽어보세요.

입에
착착!

A 列車の 切符は もう 買っておきましたか。
   (れっしゃ) (きっぷ)   (か)

B ええ、きのう 前売券を 買っておきました。
             (まえうりけん) (か)

A プサンに 行って どこで 泊りますか。
          (い)   (とま)

B きのう ホテルの 予約も しておきました。
                  (よやく)

A 열차표는 미리 사 두었습니까?
B 네, 어제 예매권을 사 두었습니다.
A 부산에 가면, 어디서 묵습니까?
B 어제 호텔 예약도 해 두었습니다.

列車(れっしゃ) 열차 **泊**(とま)る 머물다. 숙박하다 **ホテル** 호텔 **予約**(よやく)**する** 예
약하다 │ **電灯**(でんとう) 전등 **つける** 켜다 **ドア** 문 **開**(あ)**ける** 열다

STEP 2 이것만은 꼭 알아두세요.

▷ **동사 ~ておく** ~해 두다

~ておく의 おく가 단독으로 쓰일 경우에는 「두다, 놓다」의 뜻을 나타내지만, ~
ておく와 같이 보조동사로서 다른 동사의 て형에 연결되면 우리말의 「~해 두
다」, 「~해 놓다」의 뜻으로 동작의 준비나 유지를 나타냅니다.

또한, ~ておく는 앞서 배운 ~てある와 의미상으로 비슷하지만, ~てある가 행위
의 결과가 이미 존재하고 있음을 나타내고, ~ておく는 미래에 대한 동작 주체의
의지적 행위임을 나타낸다는 점이 다릅니다.

朝まで 電灯を つけ**ておきました**。

아침까지 전등을 켜 두었습니다.

彼が 帰ってくるまで ドアを 開け**ておきました**。

그가 돌아올 때까지 문을 열어 두었습니다.

切符は もう 買っ**てありました**。

표는 이미 사 두었습니다.

STEP 3 패턴 문형 연습

보기처럼 주어진 말을 우리말 뜻에 맞게 문장을 바꿔 보세요.

─────| 보기 |

切符は もう 買いました。   표는 이미 샀습니다.

➔ 切符は もう 買っておきました。   표는 이미 사 두었습니다.

① 電灯は もう 消しました。   ➔ ＿＿＿＿＿＿＿＿＿＿＿＿＿＿ 。

전등을 이미 꺼 두었습니다.

② 本は 前もって 読みました。 ➔ ＿＿＿＿＿＿＿＿＿＿＿＿＿＿ 。

책은 미리 읽어 두었습니다.

학습일

동작의 시도 표현

あの 店で 聞いてみてください。

저 가게에서 물어 보세요.

입에
착착!

STEP 1 여러 번 듣고 소리내어 반복해서 읽어보세요.

A この 近(ちか)くに 宝(たから)くじを 売(う)る 店(みせ)が ありますか。

B 宝(たから)くじですか。宝(たから)くじを 買(か)う つもりですか。

A はい、買(か)ってみたいです。

B そうですか、あの 店(みせ)で 聞(き)いてみてください。

A 이 근처에 복권을 파는 가게가 있습니까?

B 복권이요? 복권을 살 생각이세요?

A 네, 사 보고 싶어요.

B 그래요? 저 가게에서 물어보세요.

宝(たから)くじ 복권 売(う)る 팔다 店(みせ) 가게 | めずらしい 진귀하다 料理(りょうり) 요리 考(かんが)える 생각하다

▷ 동사 ~**てみる** ~해 보다

~**てみる**는 우리말의 「~해 보다」 라는 뜻으로 동사의 て형에 보조동사 みる가 접속된 형태입니다. みる가 본동사로 쓰일 때는 **見る**로 표기하지만, 이처럼 보조동사로 쓰일 때는 가나로 표기합니다. 또한 보조동사 みる는 본래의 「보다」 라는 의미를 상실하여 「시도하다」라는 뜻을 나타냅니다.

> 一度 その めずらしい 料理を 食べ**てみたい**。
>
> 한번 그 진귀한 요리를 먹어 보고 싶다.

> わたしも 東京へ 一度 行っ**てみたい**ですね。
>
> 나도 도쿄에 한번 가 보고 싶군요.

▷ **近く** 근처

近(ちか)く는 형용사 **近い**(가깝다)에서 파생된 말로 부사적으로 쓰일 때는 「가까이, 가깝게」의 뜻이지만, 명사로 쓰일 때는 「근처, 근방」을 뜻합니다.

보기처럼 주어진 말을 우리말 뜻에 맞게 문장을 바꿔 보세요.

─── | 보기 |

もう 一度 考えます。	다시 한 번 생각하겠습니다.
⊕ もう 一度 考えてみます。	다시 한 번 생각해 보겠습니다.

① あした きむらさんに 会います。 ⊕ _____ 。

내일 기무라 씨를 만나 보겠습니다.

② 日本料理を 食べたいです。 ⊕ _____ 。

일본요리를 먹어 보고 싶습니다.

동작의 완료 표현

寝坊して 遅刻してしまいました。

늦잠을 자서 지각해버렸습니다.

입에
착착!

STEP 1 여러 번 듣고 소리내어 반복해서 읽어보세요.

A　あの 小説(しょうせつ)は どうでしたか。

B　面白(おもしろ)くて、きのう 一晩(ひとばん)で 全部(ぜんぶ) 読(よ)んでしまい
　ましたよ。

A　ほんとうですか。大丈夫(だいじょうぶ)ですか。

B　きのう 小説(しょうせつ)を 全部(ぜんぶ) 読(よ)んで、今朝(けさ)は 寝坊(ねぼう)して
　遅刻(ちこく)してしまいました。

A　그 소설은 어땠습니까?
B　재미있어서 어제 하룻밤 만에 전부 읽어 버렸습니다.
A　정말이요? 괜찮으세요?
B　어제 소설을 다 읽고, 오늘 아침에 늦잠을 자서 지각하고 말았습니다.

小説(しょうせつ) 소설　**一晩**(ひとばん) 하룻밤　**大丈夫**(だいじょうぶ)**だ** 괜찮다, 튼튼
하다　**寝坊**(ねぼう)**する** 늦잠자다　**遅刻**(ちこく)**する** 지각하다 | **約束**(やくそく) 약속
遅(おく)**れる** 늦다　**お金**(かね) 돈　**使**(つか)**う** 쓰다

STEP 2   이것만은 꼭 알아두세요.

▷ **동사 ~てしまう** ~해 버리다

しまう는 동사의 て형에 보조동사로 쓰이면, 그 동작이 완전히 끝난 것을 나타냅니다. 또한 자기의 의지와는 관계없이 그렇게 되어서 유감인 것을 나타내기도 합니다. 따라서 ~てしまう는 우리말의 「~해 버리다, ~하고 말다」 등으로 해석하며 구어체에서는 줄여서 ~ちゃう로 말하기도 합니다.

お金を 全部 使って**しまいました**。

돈을 전부 써버렸습니다.

約束の 時間に 遅れて**しまいました**。

약속 시간에 늦고 말았습니다.

ここまで タクシーで 1時間も かかって**しまいました**。

여기까지 택시로 1시간이나 걸려버렸습니다.

STEP 3   패턴 문형 연습

보기처럼 주어진 말을 우리말 뜻에 맞게 문장을 바꿔 보세요.

> ─── | 보기 |
> お金を 全部 使いました。   돈을 전부 썼습니다.
> ➔ お金を 全部 使ってしまいました。   돈을 전부 써 버렸습니다.

① 彼は 早く 帰りました。   ➔ _____ 。
그는 일찍 가 버렸습니다.

② 約束の 時間に 遅れました。 ➔ _____ 。
약속 시간에 늦고 말았습니다.

학습일

정중한 의지·권유의 표현

夕食のあと、散歩でも しましょう。

저녁식사 후 산책이라도 합시다.

STEP 1 여러 번 듣고 소리내어 반복해서 읽어보세요.

A　夕食（ゆうしょく）の あと、散歩（さんぽ）でも しましょうか。

B　ええ、いいですね。そう しましょう。

A　夕食（ゆうしょく）は 何（なに）に しますか。パスタでも 食（た）べましょうか。

B　パスタ 大好（だいす）きです。はやく 食（た）べに 行（い）きましょう。

A　저녁 식사 후 산책이라도 할까요?
B　네, 좋아요. 그렇게 합시다.
A　저녁은 뭘로 할래요? 파스타라도 먹을까요?
B　파스타 정말 좋아해요. 빨리 먹으러 갑시다.

夕食（ゆうしょく）저녁식사　**パスタ** 파스타　**大好**（だいす）**きだ** 무척 좋아하다 ┃ **いっしょに** 함께　**テニス** 테니스

STEP 2   이것만은 꼭 알아두세요.

▷ **동사 ~ましょう** ~합시다

ましょう는 ます의 권유형으로 상대방의 동의를 얻어서 자기가 행동을 일으키는 제안을 할 때 쓰입니다. 따라서 어떤 때는 권유의 뜻이 되기도 하고, 어떤 때는 의지를 나타내기도 합니다. 상대방의 의향을 물을 때는 의문이나 질문을 나타내는 종조사 か를 접속하여 ましょうか로 표현하기도 합니다.

この 本を いっしょに 読み**ましょう**。
이 책을 함께 읽읍시다.

あした、どこで 会い**ましょう**か。
내일 어디서 만날까요?

▷ **~でも ~ましょうか** ~라도 ~할까요

でも는 같은 성질을 같고 있는 것들 중에서 일부의 예를 들어서 가볍게 예시할 때 쓰이며, 우리말의 「~이라도」의 뜻에 해당합니다. 주로 ~でも ~ましょうか(ませんか)의 형태로 많이 쓰입니다.

喫茶店へ 行って コーヒー**でも** 飲み**ましょう**か。
다방에 가서 커피라도 마실까요?

STEP 3   패턴 문형 연습

보기처럼 주어진 말을 우리말 뜻에 맞게 문장을 바꿔 보세요.

-- | 보기 |

わたしと いっしょに 行く。   나와 함께 가다

➔ わたしと いっしょに 行きましょう。   나와 함께 갑시다.

① いっしょに 日本語を 習う。   ➔ _____ 。
                                함께 일본어를 배웁시다.

② あした 公園で テニスを やる。 ➔ _____ 。
                                내일 공원에서 테니스를 합시다

정중한 추측의 표현

山下さんは 今日も 病気でしょうか。

야마시타 씨는 오늘도 아픈 걸까요?

STEP 1 여러 번 듣고 소리내어 반복해서 읽어보세요.

A やましたさんは きょうも やっぱり 欠席_{けっせき}ですね。

B ええ、病気_{びょうき}でしょうか。

A やましたさんは 体_{からだ}が 弱_{よわ}いですから。

B お見舞_{みま}いでも 行_いきましょうか。

A 야마시타 씨는 오늘도 역시 결석이네요.
B 네, 아픈 걸까요.
A 야마시타 씨는 몸이 약하시니까요.
B 병문안이라도 갈까요?

やっぱり 역시 **病気**(びょうき) 병 **体**(からだ) 몸 **弱**(よわ)**い** 약하다 **お見舞**(みま)
い 병문안 | **寒**(さむ)**い** 춥다 **晴**(は)**れる** 개이다 **雨**(あめ) 비

STEP 2 이것만은 꼭 알아두세요.

▷ **~でしょう** ~겠지요

でしょう는 정중한 단정을 나타내는 です의 추측형으로 추측의 뜻을 나타내기도 하고, 상대방에게 확인하거나 자기가 말한 것에 대해 상대방의 동의를 구할 때도 씁니다.

> **あしたも たぶん 暑いでしょう。**
>
> 내일도 아마 덥겠지요(더울 것입니다).
>
> **この 本は あなたのでしょう。**
>
> 이 책은 당신 것이지요?
>
> **きむらさんも もう すぐ 来るでしょう。**
>
> 기무라 씨도 이제 곧 올 것입니다.
>
> **この まわりも きっと 静かでしょう。**
>
> 이 주위도 분명 조용하겠지요?

STEP 3 패턴 문형 연습

보기처럼 주어진 말을 우리말 뜻에 맞게 문장을 바꿔 보세요.

| 보기 |

> **あしたも 寒いです。** 　　내일도 춥습니다.
>
> ➔ **あしたも 寒いでしょう。** 　　내일도 춥겠죠.

① **すぐ 晴れます。** 　➔ _____ 。

　곧 개이겠죠.

② **今 ソウルは 雨です。** 　➔ _____ 。

　지금 서울은 비가 내리겠죠.

인사표현 ② 외출하거나 집에 돌아왔을 때

아침에 출근하거나 등교할 때, 또는 외출할 때 상대에게 하는 인사로 **いっていらっしゃい**라고 하면, 상대는 **いってまいります**라고 응답을 하며, 가볍게 말할 때는 **いってきます**(다녀올게요)라고 합니다. 또한 집에 돌아왔을 때는 **ただいま**라고 인사를 하면 안에 있는 사람은 **おかえりなさい**라고 인사를 하며, 손 아랫사람에게 친근하게 말하고 싶을 때는 **おかえり**라고 말해도 됩니다.

いってまいります。	다녀오겠습니다.
いっていらっしゃい。	다녀오세요.
ただいま。	다녀왔습니다.
おかえりなさい。	어서 오세요.

いってきます。

잘다녀왕~

Part

11

동사의 과거 / 완료표현
익히기

5단동사의 과거형(イ음편)

わたしは もう 書いたよ。

난 다 썼지.

입에 착착!

STEP 1 여러 번 듣고 소리내어 반복해서 읽어보세요.

A 先週の 授業で レポートが あるって 聞いたの?

B うん。聞いた。

A 何で わたしに 言ってくれなかったの。まさか もう 書いたの。

B ごめん、忘れていた。わたしは もう 書いたよ。

A 지난주 수업에서 리포트가 있었다는 거 들었니?

B 응. 들었어.

A 왜 나한테 말 안 해줬어? 설마 벌써 쓴 거야?

B 미안. 잊고 있었어. 난 다 썼지.

先週(せんしゅう) 지난주 **授業**(じゅぎょう) 수업 **レポート** 리포트 **うん** 응(대답)
まさか 설마 **忘**(わす)**れる** 잊다 | **手紙**(てがみ) 편지

▷ 동사 ~いた·いだ(イ음편)

동사의 어미가 く·ぐ인 경우의 과거형은 앞서 배운 접속조사 て가 접속할 때와 마찬가지로 イ음편으로 く가 い로 바뀌어 과거·완료를 나타내는 조동사 た가 접속된 형태입니다. 단, 어미가 ぐ인 경우는 た가 어미 ぐ의 탁음이 이어져 だ가 됩니다.

기본형	의 미	~た	의 미
書(か)く	쓰다	書いた	썼다
聞(き)く	듣다	聞いた	들었다
泳(およ)ぐ	헤엄치다	泳いだ	헤엄쳤다
脱(ぬ)ぐ	벗다	脱いだ	벗었다

동사의 과거형은 그 자체로 문장을 종결짓기도 합니다. 즉, 앞서 배운 ~ました(~ 했습니다)는 정중체이지만, ~た(했다)는 보통체입니다.

ゆうべ 友達(ともだち)に 手紙(てがみ)を 書(か)いた。
어젯밤 친구에게 편지를 썼다.

보기처럼 주어진 말을 우리말 뜻에 맞게 문장을 바꿔 보세요.

| 보기 |

友達(ともだち)に 手紙(てがみ)を 書(か)きました。   친구에게 편지를 썼습니다.

➔ 友達に 手紙を 書いた。   친구에게 편지를 썼다.

① ひとりで 公園(こうえん)を 歩(ある)きました。   ➔ _____ 。
혼자서 공원을 걸었다.

② その 話(はなし)は きむら君(くん)から 聞(き)きました。   ➔ _____ 。
그 이야기는 기무라에게 들었다.

5단동사의 과거형(촉음편)

학습일

頂上に 登った ときの 写真です。

정상에 올랐을 때 사진입니다.

| STEP 1 | 여러 번 듣고 소리내어 반복해서 읽어보세요. |

A このあいだ 富士山(ふじさん)で 撮(と)った 写真(しゃしん)が できました。

B もう できましたか。見(み)せてください。

A はい、どうぞ。この 写真(しゃしん)は 頂上(ちょうじょう)に 登(のぼ)った ときの 写真(しゃしん)です。

B わあ、すてきですね。

A 요전에 후지산에서 찍었던 사진이 나왔어요.
B 벌써 나왔어요? 보여 주세요.
A 자, 여기요. 이 사진은 정상에 올랐을 때 사진입니다.
B 아, 멋지네요.

間(あいだ) 동안, 사이 撮(と)る (사진을) 찍다 写真(しゃしん) 사진 出来(でき)る 완성되다, 다되다 見(み)せる 보이다 頂上(ちょうじょう) 정상, 꼭대기 登(のぼ)る 오르다 すてきだ 멋지다 | 駅前(えきまえ) 역전

STEP 2 이것만은 꼭 알아두세요.

▷ 동사 ~った (촉음편)

5단동사 중에 어미가 う·つ·る인 경우 과거·완료를 나타내는 조동사 た가 접속할 때는 접속조사 て가 이어질 때와 마찬가지로 어미가 촉음 っ로 바뀝니다.

기본형	의 미	~た	의 미
買(か)う	사다	買った	샀다
待(ま)つ	기다리다	待った	기다렸다
乗(の)る	타다	乗った	탔다

동사의 과거형은 뒤에 체언이 이어지면「~한, ~했던」의 뜻을 나타냅니다.

きのう 会った ひとは だれですか。
어제 만난 사람은 누구입니까?

きのう 駅前で 彼女を 1時間も 待った。
어제 역전에서 그녀를 1시간이나 기다렸다.

きのう デパートで 買った ものは 何ですか。
어제 백화점에서 산 것은 무엇입니까?

STEP 3 패턴 문형 연습

보기처럼 주어진 말을 우리말 뜻에 맞게 문장을 바꿔 보세요.

보기

駅前で 友達に 会いました。　　　역전에서 친구를 만났습니다.

➔ 駅前で 友達に 会った。　　　역전에서 친구를 만났다.

① 彼女を 1時間も 待ちました。　➔ _____ 。
그녀를 1시간이나 기다렸다.

② 時間が なくて タクシーに 乗りました。　➔ _____ 。
시간이 없어서 택시를 탔다.

5단동사의 과거형(하네루 음편)

友だちに 会って 一杯 飲んだよ。

친구를 만나서 한 잔 마셨지.

입에
착착!

STEP 1 여러 번 듣고 소리내어 반복해서 읽어보세요.

A ゆうべ、誰かに 会ったの。

B うん、すずき君に 会って、1杯 飲んだよ。

A ふたりで 飲んだの。なんで わたしは 誘わな
かったの。

B 電話したけど、出なかったじゃん。

A 어젯밤에 누군가 만났니?

B 응, 스즈키를 만나서 한잔 마셨지.

A 둘이서 마신 거야? 왜 나는 안 불렀어.

B 전화했는데 안 받았잖아.

誘(さそ)う 권유하다, 꾀다 **電話(でんわ)する** 전화하다 **出(で)る** 나오다 | **病気(びょ
うき)** 병 **声(こえ)** 목소리 **名前(なまえ)** 이름 **ゆうべ** 어젯밤 **小説(しょうせつ)** 소설

168

STEP 2 이것만은 꼭 알아두세요.

▷ **동사 ~んだ (하네루 음편)**

어미가 む·ぶ·ぬ로 끝나는 5단동사의 경우 과거·완료를 나타내는 た가 접속할 때는 어미가 はねる음인 ん으로 바뀌어 た가 접속됩니다. 단 はねる음편인 경우는 た가 だ로 탁음화됩니다.

기본형	의 미	~た	의 미
飲(の)む	마시다	飲んだ	마셨다
呼(よ)ぶ	부르다	呼んだ	불렀다
死(し)ぬ	죽다	死んだ	죽었다

참고로 어미가 ぬ로 끝나는 동사는 **死ぬ** 하나밖에 없습니다.

ゆうべ ねこが 病気で 死んだ。

어젯밤 고양이가 병으로 죽었다.

さっき 大きな 声で 名前を 呼んだ ひとは だれですか。

조금 전 큰 소리로 이름을 부른 사람은 누구입니까?

STEP 3 패턴 문형 연습

보기처럼 주어진 말을 우리말 뜻에 맞게 문장을 바꿔 보세요.

―| 보기 |

ゆうべ お酒を 飲みました。 　　어젯밤 술을 마셨습니다.

➔ ゆうべ お酒を 飲んだ。 　　어젯밤 술을 마셨다.

① いぬを 大きい 声で 呼びました。 ➔ _____ 。
어젯밤 큰 소리로 불렀다.
개를 큰 소리로 불렀다.

② ゆうべ 面白い 小説を 読みました。 ➔ _____ 。
어젯밤 재미있는 소설을 읽었다.

5단동사의 과거형(무음편과 예외)

中村さんに きのうの こと 話したの。

나카무라 씨한테 어제 그거 말했니?

STEP 1 여러 번 듣고 소리내어 반복해서 읽어보세요.

A 部屋の 電気は 消したの。

B あ、忘れていた。行って 消してくるよ。

A いつも 忘れるね。きょう なかむらさんに
　　きのうの こと 話したの。

B あ、忘れた。もうしわけない。

A 방 불은 껐니?
B 아, 잊고 있었네. 가서 끄고 올게.
A 항상 잊어버려. 오늘 나카무라 씨한테 어제 그거 말했니?
B 앗, 잊었다. 면목 없어.

電気(でんき) 전기　**消**(け)**す** 끄다　**忘**(わす)**れる** 잊다　**もうしわけない** 죄송하다 ｜
アメリカ 미국　**すべて** 모두

STEP 2 이것만은 꼭 알아두세요.

▷ **5단동사의 무음편과 예외**

어미가 す인 5단동사의 과거형은 음편을 하지 않고 ます가 접속할 때와 마찬가지로 し로 바뀌어 과거·완료를 나타내는 た가 접속됩니다. 또, **行く**(가다)만은 い음편을 하지 않고 예외적으로 つまる음편을 합니다.

기본형	의 미	～た	의 미
話(はな)す	이야기하다	話した	이야기했다
消(け)す	끄다	消した	껐다
行(い)く	가다	行った	갔다

<ruby>夏休<rt>なつやす</rt></ruby>みは いなかで ゆっくり **<ruby>過<rt>す</rt></ruby>ごした**。
여름휴가는 시골에서 푹 지냈다.

あなたは アメリカへ **<ruby>行<rt>い</rt></ruby>った** ことが ありますか。
당신은 미국에 간 적이 있습니까?

STEP 3 패턴 문형 연습

보기처럼 주어진 말을 우리말 뜻에 맞게 문장을 바꿔 보세요.

| 보기 |

<ruby>部屋<rt>へ や</rt></ruby>の <ruby>電気<rt>でん き</rt></ruby>を <ruby>消<rt>け</rt></ruby>しました。　　방 전기를 껐습니다.

➔ <ruby>部屋<rt></rt></ruby>の 電気を 消した。　　방 전기를 껐다.

① <ruby>彼女<rt>かのじょ</rt></ruby>に すべてを <ruby>話<rt>はな</rt></ruby>しました。　➔ _____ 。
그녀에게 모든 것을 말했다.

② <ruby>冬<rt>ふゆ</rt></ruby>は おきなわで <ruby>過<rt>す</rt></ruby>ごしました。　➔ _____ 。
겨울은 오키나와에서 보냈다.

1단동사의 과거형

きのう 図書館で 見たよ。

어제 도서관에서 봤어.

입에 착착!

STEP 1 여러 번 듣고 소리내어 반복해서 읽어보세요.

A　のむら先生の 論文、見た 人 いる?

B　うん、きのう ぼくが 図書館で 見たよ。

A　あ、よかった。これから みんなで ご飯 食べに 行かない?

B　ぼくは もう 食べたよ。

A　노무라 선생님 논문 본 사람 있어?
B　응, 내가 어제 도서관에서 봤어.
A　아, 다행이다. 지금부터 다 같이 밥 먹으러 안 갈래?
B　난 벌써 먹었어.

論文(ろんぶん) 논문　**きのう** 어제　**ぼく** 나(남성어)　**図書館**(としょかん) 도서관
みんな 모두　**ご飯**(はん) 밥 | **今朝**(けさ) 오늘 아침

STEP 2 이것만은 꼭 알아두세요.

▷ **1단동사의 과거형**

상1단 · 하1단동사의 과거형은 앞서 배운 접속조사 て가 접속할 때와 마찬가지로 끝음절인 る가 탈락되고 과거 · 완료를 나타내는 た가 이어집니다. 이처럼 5단동사에서는 음편이 있지만 상1단 · 하1단동사에서는 음편이 없으며, 대체적으로 어미의 활용이 단조롭습니다.

기본형	의 미	~た	의 미
起(お)きる	일어나다	起きた	일어났다
食(た)べる	먹다	食べた	먹었다

この 映画(えいが)を 見(み)**た** ひとは いませんか。

이 영화를 본 사람은 없습니까?

ゆうべ はやく 寝(ね)て 今朝(けさ)は はやく 起(お)き**た**。

어젯밤 일찍 자서 오늘 아침은 일찍 일어났다.

おなかが すいて パンを おいしく 食(た)べ**た**。

배가 고파서 빵을 맛있게 먹었다.

STEP 3 패턴 문형 연습

보기처럼 주어진 말을 우리말 뜻에 맞게 문장을 바꿔 보세요.

| 보기 |

友達(ともだち)と 映画(えいが)を 見(み)ました。　　　　친구와 영화를 보았습니다.

➔ 友達と 映画を 見た。　　　　친구와 영화를 보았다.

① きょうは 朝早(あさはや)く 起(お)きました。　➔ _____ 。

오늘은 아침 일찍 일어났다.

② ゆうべは ぐっすり 寝(ね)ました。　➔ _____ 。

어젯밤은 푹 잤다.

변격, 예외동사의 과거형

もう 来て 食事も したよ。

벌써 와서 식사도 했어.

STEP 1 여러 번 듣고 소리내어 반복해서 읽어보세요.

A　きむら君は もう 来た?

B　うん、もう 来て 食事も したよ。

A　はやいね。いまは どこに いる? 見えないけ
　　ど。

B　もう 帰ったよ。

A　기무라는 벌써 왔지?
B　응, 벌써 와서 식사도 했어.
A　빠르다. 지금 어디 있어? 안 보이는데.
B　벌써 돌아갔지.

食事(しょくじ) 식사　**早(はや)い** 빠르다. 이르다　**見(み)える** 보이다　**帰(かえ)る** 돌아
가(오)다　**散歩(さんぽ)** 산책

| STEP 2 | 이것만은 꼭 알아두세요. |

▷ **변격동사의 과거형**

변격동사인 **くる(오다)**와 **する(하다)**에 과거·완료를 나타내는 **た**가 이어질 때도
ます가 접속될 때와 마찬가지로 어간이 **き·し**로 변하고 어미 **る**가 탈락됩니다.

▷ **예외적인 5단동사의 과거형**

형태상 상1단, 하1단동사이지만 5단동사 활용을 하는 예외적인 5단동사는 어미
가 **る**이므로 촉음편을 합니다.

기본형	~た(✗)	~った(○)	의 미
知(し)る	知た	知った	알았다
入(はい)る	入た	入った	들어갔다
走(はし)る	走た	走った	달렸다
帰(かえ)る	帰た	帰った	돌아갔다

| STEP 3 | 패턴 문형 연습 |

보기처럼 주어진 말을 우리말 뜻에 맞게 문장을 바꿔 보세요.

| 보기 |

かのじょ　　　　き
彼女は もう 来ました。　　　그녀는 벌써 왔습니다.

➔ 彼女は もう 来た。　　　그녀는 벌써 왔다.

こうえん　　さん ぽ
① 公園で 散歩を しました。　➔ _____ 。
　　　　　　　　　　　　　　　　공원에서 산책을 했다.

かれ　　へ や　　はい
② 彼は 部屋に 入りました。　➔ _____ 。
　　　　　　　　　　　　　　　　그는 방에 들어갔다

인사표현 ③ 고마움을 표시할 때

상대가 손아랫사람이나 친근한 사이일 경우에 고마움을 표할 때는 **ありがとう**라고 하며, 가볍게 말할 때는 **どうも**(매우, 무척)만으로도 가능합니다. 물론 정중하게 고마움을 표시할 때는 **ありがとうございます**라고 하며, 이에 대한 응답 표현으로는 **どういたしまして**와 **こちらこそ**(저야말로) 등이 있습니다.

ありがとう ございます。　　　고맙습니다.

どういたしまして。　　　　천만에요.

どうも ありがとう。　　　　무척 고마워요.

いろいろと ありがとうございました。　여러모로 고마웠습니다.

Part

12

た형을 이용한
여러 패턴 익히기

경험의 표현

プサンに 行った ことが ありますよ。

부산에 간 적이 있어요.

STEP 1　여러 번 듣고 소리내어 반복해서 읽어보세요.

A　キムさんは 海外旅行_{かいがいりょこう}を した ことが ありますか。

B　まだ どこへも 行_いった ことが ありません。

A　飛行機_{ひこうき}に 乗_のった ことは ありますか。

B　はい、飛行機_{ひこうき}に 乗_のって プサンに 行_いった ことが ありますよ。

A　김씨는 해외여행을 한 적이 있습니까?

B　아직 어디도 간 적이 없습니다.

A　비행기를 탄 적은 있습니까?

B　네, 비행기를 타고 부산에 간 적이 있어요.

海外旅行(かいがいりょこう) 해외여행　**どこへも** 어디에도, 아무데도　**飛行機**(ひこうき) 비행기 ┃ **酒**(さけ) 술　**サッカー** 축구　**選手**(せんしゅ) 선수

STEP 2 이것만은 꼭 알아두세요.

▷ **동사 ~た ことが ある** ~한 적이 있다

こと는 「일, 사실, 사정, 경우」를 뜻하는 말로 ことが ある(あります)의 형태로 동사의 과거형에 접속하면 「~한 적이 있다(있습니다)」의 뜻으로 과거의 경험을 나타냅니다.

かのじょ　　　　　　　　　い
彼女と アメリカへ 行っ**た ことが あります**。

그녀와 미국에 간 적이 있습니다.

▷ **동사 ~た ことが ない** ~한 적이 없다

ことが ある가 동사의 과거형에 접속하면 경험을, 반대로 무경험을 나타낼 때는 동사의 과거형에 ことが ない(ありません)를 접속하면 됩니다.

　　　　　いち ど　　さけ　　の
わたしは 一度も 酒を 飲ん**だ ことが ありません**。

나는 한 번도 술을 마신 적이 없습니다.

　　　　　　き　　　　　　　　　　　はなし
それは 聞い**た ことの ない** 話です。

그것은 들은 적이 없는 이야기입니다.

STEP 3 패턴 문형 연습

보기처럼 주어진 말을 우리말 뜻에 맞게 문장을 바꿔 보세요.

─────── | 보기 |

| にほん　　い |
| わたしは 日本へ 行きました。　　　　　　　나는 일본에 갔습니다. |
| ➔ わたしは 日本へ 行った ことが あります。　나는 일본에 간 적이 있습니다. |

　　　　　　　　　　　　せんしゅ　　あ
① わたしは サッカ 選手に 会いました。　➔ _____ 。

나는 축구선수를 만난 적이 있습니다.

　　　　　おもしろ　　えい が　　み
② わたしは 面白い 映画を 見ました。　➔ _____ 。

나는 재미있는 영화를 본 적이 있습니다.

仕事を 休んだ ほうが いいですよ。

일을 쉬는 게 좋겠어요.

STEP 1 여러 번 듣고 소리내어 반복해서 읽어보세요.

입에 착착!

A ゆうべ 薬を 飲んで 寝ましたが、ちっとも 治り
ません。

B じゃ、お医者さんに 行った ほうが いいですね。

A きのう、行きましたよ。でも、全然 治りません。

B そうですか。では、仕事を 休んだ ほうが い
いですよ。

A 어젯밤 약을 먹고 잤는데 조금도 낫질 않아요.

B 그럼, 병원에 가는 게 좋겠네요.

A 어제, 갔었어요. 그런데, 전혀 낫질 않아요.

B 그렇습니까? 그러면, 일을 쉬는 게 좋겠어요.

ちっとも 조금도, 전혀   **治(なお)る** (병이) 낫다   **お医者(いしゃ)さん** 의사 선생님   **全然**
(ぜんぜん) 전혀   **仕事(しごと)** 일 | **バス** 버스

STEP 2   이것만은 꼭 알아두세요.

▷ **동사 ~たほうがいい**   ~하는 게 좋다

~た ほうが いい는 동사의 과거형에 ほうが いい가 접속된 형태로 「~한 것이
(게) 좋다」라는 뜻으로 충고나 조언을 나타낼 때 많이 쓰이는 표현입니다.

> 1日も早く薬を飲んだほうがいいですね。
>
> 하루라도 빨리 약을 먹는 게 좋겠군요.

> バスより電車で行ったほうがいいですね。
>
> 버스보다 전철로 가는 게 좋겠군요.

▷ **薬を飲む**   약을 먹다

우리말의 「약을 먹다」를 일본어로 표현할 때는 薬を 飲む라고 합니다. 우리말
식으로 직역하여 薬を 食べる라고 하지 않도록 합시다. 또한 「의사」는 일본어에
서는 医師(いし)라고도 하지만, 이것은 학술용어로 일반적으로 쓰인 말은 医者
(いしゃ)라고 합니다. 부를 때는 お医者さん이라고 하며, 간호사는 看護婦(かん
ごふ)さん이라고 합니다.

STEP 3   패턴 문형 연습

보기처럼 주어진 말을 우리말 뜻에 맞게 문장을 바꿔 보세요.

─────────────────────────── | 보기 |

> ぐっすり 休みました。   푹 쉬었습니다.
>
> ➔ ぐっすり 休んだ ほうが いいですね。   푹 쉬는 게 좋겠군요.

① いっしょに タクシーに 乗りました。 ➔ _____ 。
                                  함께 택시를 타는 게 좋겠군요.

② これから 日本語を 勉強しました。 ➔ _____ 。
                                 이제부터 일본어를 공부하는 게 좋겠군.

학습일

동작의 전후 표현

食事を したあとで 歯を 磨きます。

식사를 한 후에 이를 닦습니다.

입에 착착!

STEP 1　여러 번 듣고 소리내어 반복해서 읽어보세요.

A　きむらさんは 食事を する 前に 歯を 磨きますか。

B　いいえ、食事を した あとで 歯を 磨きます。

A　いつも 寝る 前は 何を しますか。

B　寝る 前には 音楽を 聞きます。

A　기무라 씨는 식사를 하기 전에 이를 닦습니까?
B　아니오, 식사를 한 후에 이를 닦습니다.
A　항상 자기 전에 무엇을 합니까?
B　자기 전에는 음악을 듣습니다.

歯(は) 이　磨(みが)く 닦다　音楽(おんがく) 음악 ┃ 手(て) 손　顔(かお) 얼굴　洗(あら)う 씻다　化粧(けしょう) 화장

▷ **동사 ~前に**   ~하기 전에

前に는 때를 나타내는 **前**(まえ)에 시간을 나타내는 조사 に가 이어진 형태로 동사에 접속할 때는 기본형에 이어져 우리말의 「~하기 전에」의 뜻으로 뒷 문장보다 시간상으로 앞선 내용을 나타냅니다. 체언에 이어질 때는 ~の **前**に의 형태를 취합니다.

> ご飯を 食べる **前に** 手を 洗います。
>
> 밥을 먹기 전에 손을 씻습니다.

▷ **동사 ~たあと(で)**   ~한 후에

あと(で)는 때를 나타내는 あと에 시간을 나타내는 で가 접속된 것으로 우리말의 「~다음에」에 해당합니다. 이 때 で는 생략할 수 있으며 동사의 과거형에 접속되어 「~한 다음에」의 뜻으로 순차적인 동작을 나타냅니다.

> ご飯を 食べ**た あとで** 顔を 洗います。
>
> 밥을 먹은 후에 세수를 합니다.

보기처럼 주어진 말을 우리말 뜻에 맞게 문장을 바꿔 보세요.

| 보기 |

> 食事を する / 手を 洗う   식사를 하다 / 손을 씻다
>
> ➔ 食事を する 前に 手を 洗います。   식사를 하기 전에 손을 씻습니다.

① 彼に 会う / 化粧を する   ➔ _____ 。
그를 만나기 전에 화장을 합니다.

② ご飯を 食べる / 歯を 磨く   ➔ _____ 。
밥을 먹은 후에 이를 닦습니다.

Unit 04

학습일

설명 · 강조의 표현

きのう だれかに 会ったんですか。

어제 누군가를 만났습니까?

STEP 1 여러 번 듣고 소리내어 반복해서 읽어보세요.

A きのう だれかに 会^あったんですか。

B ええ、韓国^{かんこく}から 来^きた キムさんに 会^あったんです。

A キムさんと どこに 行^いったんですか。

B あさくさに 行^いったんです。

A 어제, 누군가를 만났습니까?
B 네, 한국에서 온 김씨를 만났습니다.
A 김씨와 어디에 갔습니까?
B 아사쿠사에 갔습니다.

誰(だれ) 누구 │ 忙(いそが)しい 바쁘다 秋(あき) 가을 レストラン 레스토랑

184

▷ **~の(ん)です**　~(것)입니다

~のです는 문장에 의미를 부여하기 위해, 또는 말하는 사람이 설명이나 강조하는 기분을 나타내고자 할 때 문장 끝의 기본형이나 과거형에 붙여 씁니다. 구어체에서는 흔히 ~んです로 줄여 씁니다.
동사나 형용사에 접속할 때는 ~のです의 형태를 취하지만, 명사나 형용동사에 이어질 때는 ~なのです의 형태를 취합니다.

やましたさんは もう 帰った**の(ん)ですか**。
야마시타 씨는 벌써 돌아갔습니까?

彼は 最近 忙しい**の(ん)です**。
그는 요즘 바쁩니다.

あしたは 母の 誕生日な**の(ん)です**。
내일은 어머니 생일입니다.

わたしは 秋が 好きな**の(ん)です**。
나는 가을을 좋아합니다.

보기처럼 주어진 말을 우리말 뜻에 맞게 문장을 바꿔 보세요.

┌─────────────────────────────────── | 보기 | ─┐

誰と 映画を 見ましたか。　　　누구와 영화를 보았습니까?

➔ 誰と 映画を 見たんですか。　　누구와 영화를 보았습니까?

└───┘

① ゆうべ 誰に 会いましたか。　　➔ ＿＿＿＿＿＿＿＿＿＿＿＿＿ 。
　　　　　　　　　　　　　　　　　　어젯밤 누구를 만났습니까?

② レストランで 何を 食べましたか。　➔ ＿＿＿＿＿＿＿＿＿＿＿＿＿ 。
　　　　　　　　　　　　　　　　　　레스토랑에서 무엇을 먹었습니까?

형용사의 과거형

きのうの 試験は むずかしかったんですか。

어제 시험은 어려웠습니까?

여러 번 듣고 소리내어 반복해서 읽어보세요.

A **きのうの 試験^{しけん}は むずかしかったんですか。**

B **英語^{えいご}は むずかしかったんですが、数学^{すうがく}は やさしかったんです。**

A **そうですか。きのう あの レストランに 行^いきましたか。**

B **はい。とても おいしかったです。**

A 어제 시험은 어려웠습니까?
B 영어는 어려웠습니다만, 수학은 쉬웠습니다.
A 그렇습니까? 어제, 그 레스토랑에 갔습니까?
B 네. 정말 맛있었습니다.

試験(しけん) 시험　**難(むずか)しい** 어렵다　**英語(えいご)** 영어　**数学(すうがく)** 수학

易(やさ)しい 쉽다 | **去年(きょねん)** 작년　**比(くら)べる** 비교하다　**ずいぶん** 무척

이것만은 꼭 알아두세요.

▷ **형용사 과거형**

형용사의 과거형은 기본형의 어미 い가 かっ으로 바뀌어 과거·완료를 나타내는 た가 접속된 かった의 형태를 취합니다.

기본형	~かった	의 미
安(やす)い	安かった	(값이) 쌌다
高(たか)い	高かった	(값이) 비쌌다

▷ **형용사 ~かったです** ~했습니다

형용사의 과거형을 정중하게 표현할 때는 과거형에 です를 접속하면 됩니다. 형용사의 기본형에 です의 과거형인 でした를 접속하여 ~いでした로 정중한 과거형을 표현하기 쉬우나 이것은 틀린 표현으로 기본형의 과거형에 です를 접속하여 ~かったです로 표현해야 합니다.

今年の 冬は 去年に 比べて ずいぶん 寒かったです。

올 겨울은 작년에 비해 무척 추웠습니다.

STEP 3 패턴 문형 연습

보기처럼 주어진 말을 우리말 뜻에 맞게 문장을 바꿔 보세요.

─────────────────────────────────── | 보기 |

今年の 冬は 寒い   올 겨울은 춥다

➡ 今年の 冬は 寒かったです。   올 겨울은 추웠습니다.

① 靴は 思ったより 安い。   ➡ _____ 。
구두는 생각보다 쌌습니다.

② 数学の 問題は やさしい。 ➡ _____ 。
수학 문제는 쉬웠습니다.

형용동사 · 단정의 과거형

学校の 図書館は 静かだったの。

학교 도서관은 조용했니?

STEP 1 여러 번 듣고 소리내어 반복해서 읽어보세요.

A 学校の 図書館は 静かだったの。
がっこう としょかん しず

B ううん、そんなに 静かじゃなかったよ。
しず

A 学校の 前の 建物が 工事中で、静かじゃなか
がっこう まえ たてもの こうじ ちゅう しず
ったのか。

B うん。スーパーだった 建物が もう なくて
たてもの
こまるよ。

A 학교 도서관은 조용했니?
B 아니, 그렇게 조용하진 않았어.
A 학교 앞 건물이 공사 중이라서 조용하지 않았나?
B 응, 슈퍼였던 건물이 이제 없어져서 안 좋아.

そんなに 그렇게, 그다지　**工事**(こうじ) 공사　**スーパー** 슈퍼　**こまる** 곤란하다, 난처하다
建物(たてもの) 건물 ┃ **歌手**(かしゅ) 가수　**住宅街**(じゅうたくがい) 주택가
商店街(しょうてんがい) 상가　**にぎやかだ** 붐비다

188

이것만은 꼭 알아두세요.

▷ **형용동사의 과거형**

형용동사의 과거형은 어미 だ를 だっ으로 바꾸고 과거・완료를 나타내는 た를 접속한 だった의 형태를 취합니다. 또한 だった에 です를 접속하면 でした와 동일한 의미가 됩니다.

あの 選手(せんしゅ)は 前(まえ)は 有名(ゆうめい)だった。

저 선수는 전에는 유명했다.

▷ **명사 ~だった** ~이었다

정중한 단정을 나타내는 です의 과거형은 でした이지만, 형용동사의 과거형과 마찬가지로 보통체인 だ의 과거형은 だった입니다. 또한 だった에 です를 접속하면 でした와 동일한 의미가 됩니다.

この 建物(たてもの)は 前(まえ)は 学校(がっこう)だった。

이 건물은 전에는 학교였다.

패턴 문형 연습

보기처럼 주어진 말을 우리말 뜻에 맞게 문장을 바꿔 보세요.

| 보기 |

あの 歌手(かしゅ)は 前(まえ) 有名(ゆうめい)でした。　　그 가수는 옛날에 유명했습니다.

➜ あの 歌手は 前 有名だった。　　그 가수는 옛날에 유명했다.

① この 住宅街(じゅうたくがい)は 前(まえ)は 静(しず)かでした。　➜ ＿＿＿＿＿＿＿＿＿＿ 。

이 주택가는 전에는 조용했다.

② この 商店街(しょうてんがい)は 前(まえ)は 賑(にぎ)やかでした。➜ ＿＿＿＿＿＿＿＿＿＿ 。

이 상가는 전에는 붐볐다.

인사표현 ④ 미안함을 나타낼 때

すみません은 자신의 잘못이나 실수를 가볍게 사과를 할 때 쓰이는 인사 표현으로 발음을 줄여서 간편하게 **すいません**이라고도 하며, 남자들 사이에서는 거칠게 **すまん**이라고도 합니다. 또한 가볍게 말할 때는 **どうも**(매우, 무척)만으로도 가능합니다. 이에 대한 응답은 보통 **だいじょうぶです, いいんですよ**(괜찮아요)라고 하면 됩니다.

すみません。	미안합니다.
だいじょうぶです	괜찮습니다.
どうも すみませんでした。	대단히 죄송했습니다.
いいんですよ。	괜찮아요.

Part

13

부정표현
ない형 익히기

형용사의 부정형

私は そんなに 寒くないですよ。

저는 그렇게 춥지 않아요.

STEP 1   여러 번 듣고 소리내어 반복해서 읽어보세요.

입에 착착!

A   ここ 寒（さむ）いですね。ほかの 所（ところ）に 行（い）きましょうか。

B   私（わたし）は そんなに 寒（さむ）くないですよ。ここでも
いいですよ。

A   ところで、たかはしさんは 背（せ）が 高（たか）いですね。
どのくらい ありますか。

B   いいえ、そんなに 高（たか）くないですよ。170センチ
です。

A   여기 춥네요. 다른 곳으로 갈까요?
B   저는 그렇게 춥지 않아요. 여기라도 괜찮은데요.
A   그런데, 다카하시 씨는 키가 크군요. 키가 어느 정도이세요?
B   아니요. 그렇게 크지 않아요. 170센티미터입니다.

ほか 그밖   ところ 곳, 장소   背（せ）が 高（たか）い 키가 크다   センチ 센티미터

STEP 2 STEP 2 　이것만은 꼭 알아두세요.

▷ **형용사 ~くない** ~하지 않다

형용사의 부정형은 어미 い를 く로 바꾸어 부정어 ない를 접속하면 됩니다. 앞서 배운 ~くありません은 정중체이지만, ~くない는 보통체입니다. 그러나 ~くない에 です를 접속하면 ~くありません과 같은 뜻이 됩니다. 부정어 ない는 본래 형용사로 ある(있다)의 반대어인 ない(없다)이지만 활용어에 접속하여 부정어를 만들 때는 「~아니다」라는 뜻이 되며, 활용은 형용사 ない와 동일합니다.

この レストランの 料理はあまり おいし**くない**。

이 레스토랑의 요리는 별로 맛이 없다.

デパートで あまり 高**くない** ネクタイを 買いました。

백화점에서 별로 비싸지 않은 넥타이를 샀습니다.

この 数学の 問題は あまり むずかし**くない**です。

이 수학 문제는 별로 어렵지 않습니다.

STEP 3 　패턴 문형 연습

보기처럼 주어진 말을 우리말 뜻에 맞게 문장을 바꿔 보세요.

| 보기 |

今年の 冬は あまり 寒く ありません。　　올 겨울은 별로 춥지 않습니다.

➜ 今年 の冬は あまり 寒くない。　　올 겨울은 별로 춥지 않다.

① この かばんは あまり 高く ありません。　➜ _____ 。

이 가방은 별로 비싸지 않다.

② このごろは あまり 忙しく ありません。　➜ _____ 。

요즘은 별로 바쁘지 않다.

Unit 02

단정의 부정 표현

ううん、大学の 建物じゃないよ。

아니, 대학 건물이 아냐.

STEP 1　여러 번 듣고 소리내어 반복해서 읽어보세요.

A　あの りっぱな 建物^{たてもの}、大学^{だいがく}なの?

B　ううん、大学^{だいがく}の 建物^{たてもの}じゃないよ。研究所^{けんきゅうじょ}だよ。

A　ちょっと 行^いってみない?

B　研究者^{けんきゅうしゃ}じゃない ひとも 大丈夫^{だいじょうぶ}かな。

A　저 멋진 건물, 대학교야?
B　아니, 대학 건물이 아냐. 연구소야.
A　잠깐 가보지 않을래?
B　연구원이 아닌 사람도 괜찮은가.

研究所(けんきゅうしょ) 연구소　**研究者**(けんきゅうしゃ) 연구자 | **社員**(しゃいん)
사원　**あげる** 들다　**銀行**(ぎんこう) 은행

194

STEP 2 이것만은 꼭 알아두세요.

▷ **명사 ~ではない** ~이(가) 아니다

정중한 단정을 나타내는 です의 보통체인 だ의 부정형은 ~ではない입니다. 구
어체에서는 보통 ~じゃない로 말하며, 부정형에 です를 접속하면 ~では(じゃ)
ありません과 동일한 의미가 됩니다. 참고로 문어체에서는 だ보다는 である를
씁니다.

彼は この 会社の 社員では(じゃ)ない。

그는 이 회사의 사원이 아니다.

学生では(じゃ)ない 人は 手を あげてください。

학생이 아닌 사람은 손을 드세요.

きむらさんは この チームの サッカー選手では(じゃ)ないです。

기무라 씨는 이 팀의 축구 선수가 아닙니다.

よしむらさんは 前は この 学校の 先生では(じゃ)なかった。

요시무라 씨는 전에는 이 학교의 선생이 아니었다.

STEP 3 패턴 문형 연습

보기처럼 주어진 말을 우리말 뜻에 맞게 문장을 바꿔 보세요.

─| 보기 |─

彼は この 会社の 社員では ありません。 그는 이 회사의 사원이 아닙니다.

➡ 彼は この 会社の 社員では ない。   그는 이 회사의 사원이 아니다.

① この ビルは 銀行では ありません。 ➡ _____ 。

이 빌딩은 은행이 아니다.

② あの 方は 先生じゃ ありません。   ➡ _____ 。

저 분은 선생님이 아니다.

형용동사의 부정형

なんで 有名じゃなかったの?

왜 유명하지 않았어?

STEP 1 여러 번 듣고 소리내어 반복해서 읽어보세요.

A この 店(みせ)は 前(まえ)も 有名(ゆうめい)だったの。

B ううん、今(いま)は 有名(ゆうめい)だが、前(まえ)は 有名(ゆうめい)じゃなかったよ。

A なんで 有名(ゆうめい)じゃなかったの?

B 前(まえ)は こんなに きれいじゃなかったから。

A 이 가게는 전에도 유명했니?
B 아니, 지금은 유명한데, 전에는 유명하지 않았어.
A 왜 유명하지 않았어?
B 전에는 이렇게 깨끗하지 않았거든.

店(みせ) 가게 何(なん)で 왜, 어째서 | そんなに 그렇게 品物(しなもの) 물건 買(か)う 사다 アパート 아파트 古(ふる)い 낡다, 오래되다 必要(ひつよう)だ 필요하다

머리에 쏙쏙!

STEP 2 이것만은 꼭 알아두세요.

▷ **형용동사 ~ではない** ~하지 않다

형용동사의 부정형은 ~ではない입니다. 구어체에서는 보통 ~じゃない로 말하며, 부정형에 です를 접속하면 ~では(じゃ)ありません과 동일한 의미가 됩니다.

あの 選手は そんなに 有名では(じゃ)ない。

저 선수는 그리 유명하지 않다.

彼は あまり 必要では(じゃ)ない 品物を 買った。

그는 별로 필요하지 않는 물건을 샀다.

この 公園は 人が 多くて あまり 静かでは(じゃ)ないです。

이 공원은 사람이 많아서 별로 조용하지 않습니다.

きむらさんの アパートは 古くて きれいでは(じゃ)なかった。

기무라 씨 아파트는 낡아서 깨끗하지 않았다.

STEP 3 패턴 문형 연습

손으로 또박또박!

보기처럼 주어진 말을 우리말 뜻에 맞게 문장을 바꿔 보세요.

| 보기 |

ここは あまり 静かでは ありません。　여기는 그다지 조용하지 않습니다.

➔ ここは あまり 静かでは ない。　여기는 그다지 조용하지 않다.

① あの 歌手は 有名では ありません。　➔ _____ 。

저 가수는 유명하지 않다.

② これは 必要じゃ ありません。　➔ _____ 。

이것은 필요하지 않다.

Unit 04

5단동사의 부정형

音楽は 聞かないのですか。

음악은 안 들으세요?

STEP 1 여러 번 듣고 소리내어 반복해서 읽어보세요.

A よしむらさんは 会社(かいしゃ)へ 行(い)かない ときは 何(なに)を しますか。

B うちで 休(やす)みながら、テレビを 見(み)ます。

A 音楽(おんがく)は 聞(き)かないのですか。

B あ、音楽(おんがく)も 聞(き)きますね。

A 요시무라 씨는 회사에 가지 않을 때는 무엇을 합니까?
B 집에서 쉬면서 텔레비전을 봅니다.
A 음악은 안 들으세요?
B 아, 음악도 들어요.

音楽(おんがく) 음악 | **海**(うみ) 바다 **重**(おも)**い** 무겁다 **荷物**(にもつ) 짐

STEP 2　이것만은 꼭 알아두세요.

▷ **5단동사 ~ない**　～하지 않다

동사의 부정형은 ない가 접속된 형태를 말합니다. 이 때 ない는 「없다」는 뜻이
아니라 「~(하)지 않다」의 뜻으로 부정을 나타냅니다. 5단동사의 부정형은 어미
う단이 あ단으로 바뀌어 ない가 접속됩니다.

기본형	의 미	부정형	의 미
行(い)く	가다	行かない	가지 않다
泳(およ)ぐ	헤엄치다	泳がない	헤엄치지 않다
待(ま)つ	기다리다	待たない	기다리지 않다
乗(の)る	타다	乗らない	타지 않다

今日は　日曜日なので、学校へ行か**ない**。

오늘은 일요일이어서 학교에 가지 않는다.

この　海では　なかなか　泳が**ない**です。

이 바다에서는 좀처럼 헤엄치지 않습니다.

タクシーに　乗ら**ない**　ときは　バスに　乗ります。

택시를 타지 않을 때는 버스를 탑니다.

STEP 3　패턴 문형 연습

보기처럼 주어진 말을 우리말 뜻에 맞게 문장을 바꿔 보세요.

| 보기 |

今日は　学校へ　行きません。　　오늘은 학교에 가지 않습니다.

➡ 今日は　学校へ　行かない。　　오늘은 학교에 가지 않는다.

① ここでは　靴を　はきません。　➡ _____ 。

　여기서는 구두를 신지 않는다.

② 重い　荷物を　持ちません。　➡ _____ 。

　무거운 짐을 들지 않는다.

5단동사의 부정형

とにかく、話さないよ。

아무튼, 말하지 않겠어.

STEP 1 여러 번 듣고 소리내어 반복해서 읽어보세요.

A これから おまえには なにも 言^いわない。

B どうしてですか。ぼくが なんか 悪^{わる}い ことでも したんですか。

A いやいや、そうじゃないけど。とにかく、話^{はな}さないよ。

B なんか あったんですね。教^{おし}えてください。

A 이제부터 너한테는 아무 것도 말하지 않을 거야.

B 왜 그러십니까? 제가 뭐 잘못이라도 했습니까?

A 아니, 그건 아닌데. 아무튼, 말하지 않겠어.

B 무슨 일이 있었군요. 가르쳐 주세요.

おまえ 너(남성어) **なんか** 등, 따위 **悪(わる)い** 나쁘다 **とにかく** 아무튼 **教(おし)える** 가르치다

STEP 2 이것만은 꼭 알아두세요.

▷ **5단동사 ~ない** ~하지 않다

5단동사의 부정형은 어미 う단을 あ단으로 바꾸어 ない가 접속합니다. 단, 주의해야 할 점은 어미가 う인 경우에는 あ가 아니라 わ로 바꾸어 ない가 접속된다는 점입니다.

기본형	의 미	부정형	의 미
言(い)う	말하다	言わない	말하지 않다
読(よ)む	읽다	読まない	읽지 않다
飛(と)ぶ	날다	飛ばない	날지 않다
死(し)ぬ	죽다	死なない	죽지 않다
話(はな)す	이야기하다	話さない	이야기하지 않다

本を 読ま**ない** ときは 音楽を 聞く。

책을 읽지 않을 때는 음악을 듣는다.

今 聞いた はなしは だれにも 話さ**ない**。

지금 들은 이야기는 아무에게도 이야기하지 않겠다.

STEP 3 패턴 문형 연습

보기처럼 주어진 말을 우리말 뜻에 맞게 문장을 바꿔 보세요.

───| 보기 |

彼は なにも言いません。   그는 아무것도 말하지 않습니다.

➔ 彼は なにも 言わない。   그는 아무것도 말하지 않는다.

① わたしは お酒を 飲みません。   ➔ _____ 。
　　　　　　　　　　　　　　　　　　　나는 술을 마시지 않는다.

② 彼は なかなか 本を 読みません。   ➔ _____ 。
　　　　　　　　　　　　　　　　　　　그는 좀처럼 책을 읽지 않는다.

Unit 06

학습일

1단동사와 변격동사의 부정형

どうして 来ないか 分かりません。

왜 안 오는지 모르겠습니다.

STEP 1 여러 번 듣고 소리내어 반복해서 읽어보세요.

A 金田さんは どうして 学校に 来ないんですか。

B そうですね。わたしも どうして 来ないか よ
く わかりません。

A かねださんに 電話してみましょうか。

B さあ、電話は しない ほうが いいと 思います
が。

A 가네다 씨는 왜 학교에 오지 않는 거예요?

B 글쎄요. 저도 왜 안 오는지 잘 모르겠습니다.

A 가네다 씨에게 전화 해볼까요?

B 글쎄, 전화는 안 하는 게 좋을 것 같은데요.

どうして 왜, 어째서 **わかる** 알다, 알 수 있다 **電話**(でんわ) 전화 **思**(おも)**う** 생각하다 |
運動(うんどう) 운동 **窓**(まど) 창문 **開**(あ)**ける** 열다

STEP 2　이것만은 꼭 알아두세요.

▷ 1단동사, 변격동사 **~ない**　～하지 않다

상1단 · 하1단동사의 부정형은 ます가 접속될 때와 마찬가지로 어미 る가 탈락되고 부정어 ない가 접속합니다. 변격동사 くる는 こない로, する는 しない로 각기 어간과 어미가 변합니다.

기본형	의 미	부정형	의 미
起(お)きる	일어나다	起きない	일어나지 않다
食(た)べる	먹다	食べない	먹지 않다
来(く)る	오다	こない	오지 않다
する	하다	しない	하지 않다

あなたは テレビの ニュースも 見ないんですか。
당신은 텔레비전 뉴스도 보지 않습니까?

わたしは なかなか 運動を しない。
나는 좀처럼 운동을 하지 않는다.

STEP 3　패턴 문형 연습

보기처럼 주어진 말을 우리말 뜻에 맞게 문장을 바꿔 보세요.

──────| 보기 |

忙しくて 朝ご飯は 食べません。　바빠서 아침밥을 먹지 않습니다.

➜ 忙しくて 朝ご飯は 食べない。　바빠서 아침밥을 먹지 않는다.

──────

① 今日は どこへも 出かけません。　➜ _____ 。
　오늘은 아무 데도 나가지 않는다.

② 寒くて 窓を 開けません。　➜ _____ 。
　추워서 창문을 열지 않는다.

인사표현 ⑤ 오랜만에 만났을 때

しばらく는「잠시, 잠깐」의 뜻과「얼마 동안, 한참 동안」을 뜻의 부사어로, 단독으로 쓰일 때는「오래간만」이라는 인사말로 쓰입니다. 정중하게 표현할 때는 しばらくですね라고 하면 됩니다. ひさしぶり도 しばらく와 마찬가지로 오랜만에 만났을 때 쓰이는 인사말로 しばらく보다는 다소 오랫동안 만나지 못했을 때 쓰입니다.

やあ、ひさしぶりだね。	야, 오랜만이야.
おひさしぶりですね。	오랜만입니다.
しばらくでした。	오래간만입니다.
ごぶさたいたしました。	격조했습니다.

14

부정어 ない의
여러 패턴 익히기

부정어 ない의 활용

来なかった? どういう ことですか。

안 왔다고요? 무슨 말이에요?

STEP 1 여러 번 듣고 소리내어 반복해서 읽어보세요.

A あの 映画、面白かったんですか。
<small>えい が</small> <small>おもしろ</small>

B ええ、面白かったですよ。まだ 見ていないん
<small>おもしろ</small> <small>み</small>
ですか。

A はい、きのう 見る つもりでしたが。
<small>み</small>
彼女が 来なかったんです。
<small>かのじょ</small> <small>こ</small>

B 来なかった? どういう ことですか。
<small>こ</small>

A 그 영화 재미있었습니까?
B 네, 재미있었어요. 아직 안 보셨어요?
A 네, 어제 보려고 했는데, 여자 친구가 안 왔습니다.
B 안 왔다고요? 무슨 말이에요?

まだ 아직 **どういう** 어떠한. 무슨 **こと** 일. 것 │ **休(やす)みの日(ひ)** 휴일 **ドラマ** 드
라마

STEP 2 이것만은 꼭 알아두세요.

▷ 부정어 ~ない의 용법

동사에 접속하여 부정형을 만드는 ない도 형용사 ない와 동일하게 활용을 합니다. 즉, ない에 です를 접속하면 ません과 동일한 의미가 되고, 과거형 なかった에 です를 접속하면 ませんでした와 같은 의미가 됩니다.

休みの日は 何も し**ない**。

쉬는 날에는 아무 것도 하지 않는다.

会社へ 行か**ない** ときは 何を しますか。

회사에 가지 않을 때는 무엇을 합니까?

あなたは きょうも ここへ 来**ない**んですか。

당신은 오늘도 여기로 오지 않습니까?

よしむらさんは 来**なかったです**か。

요시무라 씨는 오지 않았습니까?

STEP 3 패턴 문형 연습

보기처럼 주어진 말을 우리말 뜻에 맞게 문장을 바꿔 보세요.

┃ 보기 ┃

ゆうべは ドラマを 見ませんでした。 　　어젯밤 드라마를 보지 않았습니다.

➔ ゆうべは ドラマを 見なかった。 　　어젯밤 드라마를 보지 않았다.

① きのうは 何も 食べませんでした。 　➔ ＿＿＿＿＿＿＿＿＿＿＿＿＿＿＿＿ 。

　　　　　　　　　　　　　　　　　　　　어제는 아무 것도 먹지 않았다.

② 日曜日には 何も しませんでした。 　➔ ＿＿＿＿＿＿＿＿＿＿＿＿＿＿＿＿ 。

　　　　　　　　　　　　　　　　　　　　일요일에는 아무 것도 하지 않았다.

학습일

부정형의 접속 표현

あまり 心配しないでください。

너무 걱정하지 마세요.

입에 착착!

STEP 1 여러 번 듣고 소리내어 반복해서 읽어보세요.

A　お兄(にい)さんは このごろ 何(なに)を していますか。

B　兄(あに)は 何(なに)も しないで 遊(あそ)んでいます。

　　ちょっと 心配(しんぱい)です。

A　心配(しんぱい)しないでください。

　　すぐ いい お仕事(しごと)を 見(み)つけますよ。

B　でも、勉強(べんきょう)も しないで ゲームばかりですよ。

A　형은 요즘 무엇을 하고 있습니까?

B　형은 아무 것도 안 하고 놀고 있습니다. 조금 걱정이에요.

A　걱정하지 마세요. 곧 좋은 일자리를 찾겠죠.

B　하지만, 공부도 안 하고 게임만 계속 하는데요.

お兄(にい)さん 형님　**兄(あに)** 형　**仕事(しごと)** 일　**ゲーム** 게임 | **働(はたら)く** 일하다　**以上(いじょう)** 이상　**心配(しんぱい)** 걱정　**料理(りょうり)** 요리

STEP 2 이것만은 꼭 알아두세요.

▷ **동사 ~ないで** ~하지 말고 ~하지 않고

ないで는 동사의 부정형에 で가 접속한 형태로 「~하지 말고, ~하지 않고」의 뜻
으로 다른 동작과 연결될 때 쓰입니다.

ご飯も 食べ**ないで** 働いて いる。

밥도 먹지 않고 일하고 있다.

これ 以上 待た**ないで** 帰りましょう。

더 이상 기다리지 말고 갑시다.

▷ **동사 ~ないでください** ~하지 마세요

동사의 부정형에 ~でください를 접속한 ~ないでください의 형태는 우리말의
「~하지 마세요」의 뜻으로 금지의 요구를 나타냅니다.

あまり 心配し**ないでください**。

너무 걱정하지 마세요.

STEP 3 패턴 문형 연습

보기처럼 주어진 말을 우리말 뜻에 맞게 문장을 바꿔 보세요.

| 보기 |

早く 来てください。 　　　　일찍 오세요.

➔ 早く 来ないでください。 　일찍 오지 마세요.

① この 料理は 食べてください。 ➔ ＿＿＿＿＿＿＿＿＿＿＿＿＿＿＿ 。

　　　　　　　　　　　　　　　　　이 요리는 먹지 마세요.

② 鉛筆で 書いてください。 　　➔ ＿＿＿＿＿＿＿＿＿＿＿＿＿＿＿ 。

　　　　　　　　　　　　　　　　　연필로 적지 마세요.

부정형의 접속 표현

ずっと雨が降らなくて困っています。

계속 비가 안 와서 걱정입니다.

입에 착착!

STEP 1 여러 번 듣고 소리내어 반복해서 읽어보세요.

A まだ 朝は パンですか。心配ですよ。

B でも、いそがしいから しかたない。
最近、うまく 行ってる?

A ここは ずっと 雨が 降らなくて こまって
います。

B そう。心配だね。ここは 毎日 雨だよ。

A 아직도 아침에 빵을 드세요? 걱정되네요.
B 그런데, 바빠서 어쩔 수 없어. 요즘 잘되가?
A 여기는 계속 비가 안 와서 걱정입니다.
B 그래? 걱정이네. 여기는 매일 비가 와.

しかたない 방법이 없다. 어쩔 수 없다 **うまい** 잘하다 **ずっと** 계속. 쭉 **毎日**(まいにち)
매일 | **結婚**(けっこん) 결혼 **お金**(かね) 돈 **苦労**(くろう) 고생 **遠**(とお)**い** 멀다
地面(じめん) 땅 **乾**(かわ)**く** 마르다 **よい** 좋다

이것만은 꼭 알아두세요.

▷ **~なくて** ~하지 않아서

활용어의 부정형에 접속조사 て가 이어진 ~なくて는 「~하지 않아서」의 뜻으로 원인이나 이유를 나타냅니다.

結婚した ころは、お金が **なくて** 苦労した。
결혼했을 무렵에는 돈이 없어서 고생했다.

子供の からだが じょうぶで**なくて** 大変だ。
아이 몸이 튼튼하지 않아서 큰일이다.

ここは 駅から 遠く**なくて** いいです。
여기는 역에서 멀지 않아서 좋습니다.

長い あいだ、雨が 降ら**なくて** 地面が 乾いています。
오랫동안 비가 내리지 않아서 땅이 말라 있습니다.

STEP 3 패턴 문형 연습

보기처럼 주어진 말을 우리말 뜻에 맞게 문장을 완성해 보세요.

──────────────── | 보기 |

彼女が 来ない / 心配だ　　　　　그녀가 오지 않다 / 걱정이다

➔ 彼女が 来なくて 心配です。　　그녀가 오지 않아 걱정입니다.

────────────────────────────

① まだ 帰らない / 待っている　　➔ ＿＿＿＿＿＿＿＿＿＿＿＿＿＿ 。
　　　　　　　　　　　　　　　　아직 오지 않아서 기다리고 있습니다.

② 試験は 難しくない / 良かった　➔ ＿＿＿＿＿＿＿＿＿＿＿＿＿＿ 。
　　　　　　　　　　　　　　　　시험이 어렵지 않아서 다행이었습니다.

Unit 04

학습일

금지의 충고 · 조언 표현

誰にも 言わないほうがいいでしょうね。

아무한테도 말하지 않는 게 좋겠죠.

STEP 1 여러 번 듣고 소리내어 반복해서 읽어보세요.

A その ことは 誰<ruby>れ<rt>だ</rt></ruby>にも 言<ruby>い<rt>い</rt></ruby>わない ほうが いいで
しょうね。

B はい、わかりました。絶対 言いません。

A でも、たかはしさんには 言った ほうが いい
かな。

B いいえ、誰にも 話さない ほうが いいと 思い
ますよ。

A 그거는 아무한테도 말하지 않는 게 좋겠어요.
B 네. 알겠습니다. 절대 말하지 않을게요.
A 그런데, 다카하시 씨한테는 말하는 게 좋을까?
B 아니오. 아무한테도 말하지 않는 게 좋을 거라고 생각해요.

絶対 (ぜったい) 절대 **〜かな** 가벼운 의문 | **タバコ** 담배 **吸 (す)う** 흡입하다 **健康
(けんこう)** 건강 **山 (やま)** 산 **登 (のぼ)る** 오르다

212

STEP 2 이것만은 꼭 알아두세요.

▷ **〜ない ほうが いい** 〜하지 않는 게 좋다

ほうは 방향을 나타내는 것 이외에 다른 것과 비교해서 「〜쪽(것)」과 같이 한 쪽을 들어 말할 때 씁니다. 즉, 앞서 배운 바와 같이 동사의 과거형에 ほうが いいが 접속하면 그렇게 하는 게 좋겠다는 충고를 나타내지만, 부정형에 접속하면 그렇게 하지 않는 게 좋겠다는 것을 나타냅니다.

これから タバコは 吸わない ほうが 体に いいですね。

앞으로 담배는 피우지 않는 게 몸에 좋겠군요.

健康の ために これから お酒を 飲まない ほうが いいですね。

건강을 위해 이제부터 술을 마시지 않는 게 좋겠군요.

こんな 悪い 映画は 見ない ほうが いいですね。

이런 나쁜 영화는 보지 않는 게 좋겠군요.

* **今日は 早く 帰った ほうが いいですね。**

오늘은 일찍 가는 게 좋겠군요.

STEP 3 패턴 문형 연습

보기처럼 주어진 말을 우리말 뜻에 맞게 문장을 바꿔 보세요.

─────────────────────────────────── | 보기 |

タバコを 吸わないで ください。 담배를 피우지 마세요.

➔ **タバコを 吸わない ほうが いいですね。** 담배를 피우지 않는 게 좋겠군요.

───

① **あまり 食べすぎないで ください。** ➔ _____ 。

너무 과식하지 않는 게 좋겠군요.

② **あの 高い 山は 登らないで ください。** ➔ _____ 。

저 높은 산에 오르지 않는 게 좋겠군요.

학습일

금지 · 당연의 표현

自筆で 書かなくては いけません。

자필로 쓰지 않으면 안 됩니다.

여러 번 듣고 소리내어 반복해서 읽어보세요.

A 履歴書は ワープロで 書いては いけませんか。

B はい、自筆で 書かなくては いけません。

A あ、大変ですね。 これが 書き終わったら
飲みに 行きますか。

B ごめんなさい。最近 薬を 飲んでいて、
お酒を 飲んでは いけません。

A 이력서는 워드프로세서로 작성해서는 안 됩니까?
B 네. 자필로 써야 합니다.
A 아, 큰일이네요. 이거 다 쓰면 한잔하러 갑니까?
B 죄송합니다. 요즘 약을 먹고 있어서 술은 마시면 안 됩니다.

履歴書(りれきしょ) 이력서 ワープロ 워드프로세서 自筆(じひつ) 자필 書(か)き終
(お)わる 다 쓰다 ┃ 家族(かぞく) 가족 人間(にんげん) 인간

STEP 2 이것만은 꼭 알아두세요.

▷ **~てはいけない**　~해서는 안 된다

~ては いけない는 「~해서는 안 된다」의 뜻으로 금지를 나타냅니다. いけない의 정중형은 いけません이다. 또, いけない는 주관적인 금지를 나타낼 때 쓰이지만, ならない(なりません)는 객관적인 금지를 나타낼 때 쓰입니다. 그밖에 だめだ (だめです)를 쓰는 경우도 있습니다.

ここで タバコを 吸^すっ**ては いけない**。

여기서 담배를 피워서는 안 된다.

▷ **~なくてはいけない**　~하지 않으면 안 된다

~なくては いけない는 「~지 않으면 안 된다, ~해야 한다」의 표현으로 그렇게 할 의무나 필요가 있다고 말할 때 쓰입니다. いけない 대신에 ならない나 だめだ가 쓰이기도 하며, 구어체에서 なくては를 なくちゃ로 줄여서 쓰기도 합니다.

家族^{か ぞく}の ために 働^{はたら}か**なくては ならない**。

가족을 위해서 일하지 않으면 안 된다.

STEP 3　패턴 문형 연습

보기처럼 주어진 말을 우리말 뜻에 맞게 문장을 바꿔 보세요.

--- | 보기 |

ボールペンで 書^かかない　　　　　　　　　볼펜으로 쓰지 않다

➔ ボールペンで 書かなくては いけません。　볼펜으로 쓰지 않으면 안 됩니다.

① 人間^{にんげん}は ご飯^{はん}を 食^たべない。 ➔ _____ 。

인간은 밥을 먹지 않으면 안 됩니다.

② 学生^{がくせい}は 勉強^{べんきょう}しない。　➔ _____ 。

학생은 공부하지 않으면 안 됩니다.

215

허용의 표현

無理して 来なくても いいです。

무리해서 오지 않아도 됩니다.

STEP 1 여러 번 듣고 소리내어 반복해서 읽어보세요.

A せっかくですが、あすは 時間が ありません。

B 仕事が 忙しい 場合は、無理して 来なくても いいです。

A 来週の 金曜日は いかがですか。

B 大丈夫ですが、そんなに 気に しなくても いいですよ。

A 모처럼인데, 내일은 시간이 없습니다.
B 일이 바쁠 경우에는 무리해서 오지 않아도 됩니다.
A 다음 주 금요일은 어떠십니까?
B 괜찮습니다만, 그렇게 신경 쓰지 않아도 돼요.

せっかく 모처럼 **場合**(ばあい) 경우 **無理**(むり)**する** 무리하다 **来週**(らいしゅう) 다음주 **そんなに** 그렇게 **気**(き)**にする** 걱정하다, 신경을 쓰다 | **家賃**(やちん) 집세 **払**(はら)**う** 지불하다

STEP 2　이것만은 꼭 알아두세요.

▷ **~なくてもいい**　~지 않아도 된다

활용어의 부정형에 ~ても いい가 접속하면 그렇게 할 필요가 없다는 뜻을 나타냅니다. 뒤에 허용을 나타내는 いい는 かまわない(상관없다), だいじょうぶだ(괜찮다)로 바꾸어 말할 수 있습니다.

> そんなに 急<small>いそ</small>がなくても いいです。
> 그렇게 서두르지 않아도 됩니다.

> 家賃<small>やちん</small>は それほど 安<small>やす</small>くなくても いいです。
> 집세는 그다지 싸지 않아도 됩니다.

> たまには 運動<small>うんどう</small>しなさい。毎日<small>まいにち</small>でなくても かまわない。
> 가끔은 운동하거라. 매일이 아니어도 상관없다.

> これから 心配<small>しんぱい</small>しなくても 大丈夫<small>だいじょうぶ</small>です。
> 이제부터 걱정하지 않아도 괜찮습니다.

STEP 3　패턴 문형 연습

보기처럼 주어진 말을 우리말 뜻에 맞게 문장을 바꿔 보세요.

───────────── | 보기 |

もう 心配<small>しんぱい</small>しない　　　　　　　　이제 걱정하지 않다

➔ もう 心配しなくても いいです。　　이제 걱정하지 않아도 됩니다.

─────────────

① そんなに 無理<small>むり</small>しない。　　➔ ＿＿＿＿＿＿＿＿＿＿＿＿＿＿。
　　　　　　　　　　　　　　　　그렇게 무리하지 않아도 됩니다.

② お金<small>かね</small>を 払<small>はら</small>わない。　　➔ ＿＿＿＿＿＿＿＿＿＿＿＿＿＿。
　　　　　　　　　　　　　　　　돈을 내지 않아도 됩니다.

일본한자의 신자체

일본은 상용한자의 자체(**字体**)를 만들어 글자의 점이나 획의 복잡함을 정리하여 그 표준을 정하였습니다. 이것을 신자체(**新字体**)라고도 하며, 약 500여자가 약자화(**略字化**) 또는 변형화(**変形化**), 증자화(**増字化**)되었습니다. 따라서 일본어 한자 표기는 반드시 일본에서 제정한 일본식 신자체를 써야 하며, 우리가 쓰고 있는 정자체(**正字体**)를 쓰면 안 됩니다.

주요 신자체(新字体) 왼쪽이 정자 오른쪽이 신자체											
假	▪	仮	單	▪	単	辯	▪	弁	專	▪	専
覺	▪	覚	斷	▪	断	寶	▪	宝	戰	▪	戦
擧	▪	挙	當	▪	当	佛	▪	仏	錢	▪	銭
檢	▪	検	黨	▪	党	拂	▪	払	轉	▪	転
劍	▪	剣	對	▪	対	澁	▪	渋	從	▪	従
經	▪	経	臺	▪	台	續	▪	続	晝	▪	昼
輕	▪	軽	圖	▪	図	實	▪	実	遲	▪	遅
繼	▪	続	燈	▪	灯	亞	▪	亜	參	▪	参
鷄	▪	鶏	藥	▪	薬	兒	▪	児	賤	▪	賤

關	関	來	来	嶽	岳	鐵	鉄
觀	観	兩	両	壓	圧	廳	庁
廣	広	歷	歴	樂	楽	體	体
教	教	戀	恋	與	与	總	総
區	区	禮	礼	驛	駅	醉	酔
毆	殴	勞	労	榮	栄	齒	歯
國	国	綠	緑	藝	芸	寢	寝
勸	勧	龍	竜	譽	誉	學	学
氣	気	萬	万	醫	医	漢	漢
惱	悩	賣	売	雜	雑	歡	歓
腦	脳	發	発	將	将	劃	画

25p ① これは えんぴつですか

② あれは つくえですか

27p ① これは つくえでは ありません

② それは いすでは ありません

29p ① これは きむらさんの かばんです

② それは あなたの ネクタイですか

31p ① この かぎは わたしのです

② この とけいは あなたのですか

33p ① これは くるまで、キムさんのです

③ あれも あれも わたしのです

37p ① ぎんこうは デパートの まえに あります

② いぬは にわに います

39p ① あそこに せんしゅは いません

② いすの したに かばんは ありません

41p ① あそこに せんせいが いました

② ここに えんぴつが ありました

43p ① りんごは ここに ありませんでした

② こどもは へやに いませんでした

47p ① たまごは ふたつ あります

② つくえは みっつ あります

49p ① ごぜん はちじです

② ごご ろくじです

51p ① きょうは とおかです

② きょうは はつかです

53p ① きょうは きんようびです

② なつやすみは しちがつです

55p ① 前は ここは 公園では ありませんでした

② おとといは 十日では ありませんでした

59p ① ひこうきは とても はやいです

② この まんが はおもしろいです

61p ① この くすりは あまり 苦くありません

② あには せが あまり 高くありません

63p ① 厚い 本は 辞書です

② これは むずかしい 問題です

65p ① ここは 交通が 便利です

② この 野菜は 新鮮です

67p ① わたしは まじめな 人が すきです

② きらいな たべものは ありません

69p ① 体は じょうぶでは ありませんでした

② あの 歌手は 有名では ありませんでした

73p ① 旅行は 今日から 土曜日までです

② 宿題は 1ページから 5ページまでです

75p ① かばんには 新聞や 雑誌などが あります

② ここには キムチや 肉などが あります

77p ① 外国人は ひとりしか いません

② いま、千円しか ありません

79p ① 彼は この クラスで いちばん 背が 高いです

② スポーツの 中で 野球が いちばん 好きです

81p ① バスと タクシーと どちらの ほうが 速いですか

② ジュースと コーラと どちらの ほうが 好きですか

83p ① 冷たい コーラを ください

② 赤い ボールペンを ください

89p ① 空を 飛びます

② 人を 待ちます

91p ① 会社で 食べます

memo